# Aus der Gedankenwelt eines normalen Menschen

## 40 Kurzgeschichten und Poetry Slams über das Leben und seine Eigenheiten

# Aus der Gedankenwelt eines normalen Menschen

## 40 Kurzgeschichten und Poetry Slams über das Leben und seine Eigenheiten

Tom Reichelt

**Impressum**



ISBN: 9789403628141

Covergestaltung: Tom Reichelt; Foto von Steve Johnson, CC0-Lizenz bei Pexel.com

Verlagsportal: Bookmundo
Gedruckt in Deutschland

Die Deutsche Nationalbibliothek verzeichnet diese Publikation in der Deutschen Nationalbibliografie.

# Inhaltsverzeichnis

# Von der Liebe, dem Tod und anderen Gefühlen

Ein Text ist genau dann ein guter Text, wenn er zum Nachdenken anregt, wenn er den Leser auf irgendeine Weise berührt. Ist es Ekel, ist es Verständnis, ist es Mitgefühl – grenzenlose Freude oder abgrundtiefe Trauer. Das alles können ein paar Zeilen Text auslösen. Davon bin ich persönlich zu einhundert Prozent überzeugt.

Und genau dieses Spielen mit verschiedenen Emotionen machen auch viele meiner Texte aus, die sich nun in diesem Kapitel wiederfinden. Es kann auch mal sehr kitschig sein, meistens macht es aber bewusst ziemlich nachdenklich. Ich habe eine klare Grundhaltung zu vielen gesellschaftlich sehr bedeutenden Themen, die hier auch immer wieder sehr deutlich angesprochen werden. Aber am Ende muss jeder zu seiner eigenen Überzeugung gelangen. Dies setzt allerdings voraus, dass man erst einmal anfängt, sich über sehr viele Themen Gedanken zu machen. Dabei lädt dieses Kapitel dazu ein, mit ganz verschiedenen Schwerpunkten, was die konkreten Themen angehen, und verschiedenen Schreibstilen in der Umsetzung, meine Überzeugung kennenzulernen und darauf aufbauend sich selbst mit den geschilderten Situationen auseinanderzusetzen und sich darüber klar zu werden, wie man selbst in der entsprechenden geschilderten Situation reagieren würde. Dabei hat es vor allem ein Ziel: Gedanken anregen und Gefühle wecken!

Viel Spaß und gute Gedanken beim eigenen Nachdenken also mit den ersten 17 Texten dieses Buches.

# Aus und Vorbei

Ich weiß nicht, was passiert ist,
ich weiß nicht, was geschah,
als ich es erfuhr dachte ich nur RIESENMIST,
und das Verständnis war anfangs tatsächlich rar.

Nicht aber die Betroffenheit,
die Frage nach dem Warum? blieb nicht lange stumm!
Wieso sorgtest du für diese Gegebenheit?
Ich weiß, ich hätte dafür nie den Mumm!

Wieso war es für dich nichts mehr wert,
das werde ich wohl nie verstehen,
und doch quält es mich, wie du entschiedst: Ich muss gehen!
Wie kann es sein, dass es nichts gibt, was dich hält?!

Ich genieße es in vollen Zügen,
und weiß nicht, was dich beritten hat,
du hast einfach Schluss gemacht.
Ich brauche mich nicht weiter selbst anlügen.

Was war das für ein Gefühl,
sonntagmorgens am Bahnsteig und allein,
und warum gingst du doch herein,
wie war sie nun, die Intention.
Die Entscheidung war klar, aber man hat es nicht gesehen,
und so verletzt es wirklich jeden sehr,
dass statt dir nun nichts hier ist mehr,
und wir können doch nur zusehen!!!

Diese Situation, ich hoffe sie war schmerzlos,
aber das ist es für uns sicherlich nicht,
sie war zu unklar, unsere Sicht,
Doch immer noch stehe ich, verständnislos.

Ich kannte dich und du mich,
doch jetzt ist alles vorbei,
es verklingt in meinen Gedanken ein ungehörter Schrei,
doch eine Sache denke ich:

Du lebst weiter,
nur nicht hier,
und deshalb weinen wir,
und werden wohl nie wieder richtig heiter.

Ich kann mich nicht konzentrieren,
alles nur Trauer wegen dir,
so vergingen meine Tage danach hier,
konnte mich nur auf deine Sache fixieren.

Und währenddessen stellte ich mir eine Frage ganz extrem,
was bedeutet mir das Leben?
Es ist ein Gemisch aus gut und schlecht, und das eben
ist der Grund, warum ich diese Frage nur eines finde, ziemlich unbequem.

Du fandst letztendlich keinen Sinn,
jedoch ich werde ihn das ganze Leben suchen,
und doch werde ich ihn niemals finden,
doch dieses Fehlen macht es doch erst lebenswert.

Ich werde es sicherlich nie begreifen,
doch ich hoffe, dass es für dich richtig erschien,
dadurch kann ich es zwar noch lange nicht nachvollziehen,
doch wenn dies für dich die Möglichkeit war, dein Glück zu schleifen...

Was sagt es uns nun, ein Stein neben vielen anderen,
mit Namen und Zahlen,
du und jeder andere ist nur noch kurz eine Persönlichkeit, dann eine Zahl.
und das kann ich nicht zulassen, denke ich wohl noch ewig, bis ich selber
eine Zahl bin.

Ich kann es nie verstehen und werde ewig weinen,
aber ich darf mein eigenes Leben nicht verpassen
und muss weniger Zeit verprassen.
Du wirst auf ewig in meinem und allen Herzen der Leute, die dich liebten,
weiterscheinen.

*„Aus und vorbei“ wurde geschrieben am 19.12.2016.*

# Daniel und Daniela

Alles begann damit, dass dort Daniel war. Wir kennen uns seit dem Kindergarten, waren immer unzertrennlich. Zusammen glücklich, alleine traurig. Und das blieb bis jetzt. Doch es wurde trotzdem komplett anders. Wir hatten uns zum Spielen getroffen – erst im Sandkasten, dann mit Mini-Autos. Die Pubertät haben wir zusammen durchgestanden, und das ganz ohne Geheimnisse voreinander.

Ich habe ihm von meinen ersten Freundinnen erzählt. Richtig glücklich war ich dabei nicht, aber das wusste nur er. Doch es kann doch nicht sein, dass die ganze Pubertät vorbei geht, und man nicht einmal eine Freundin hatte. Also hatte ich Freundinnen. Das war wahrscheinlich der einzige Grund. Daniel hatte keine Freundinnen. Aber das war ihm egal und ihm war auch egal, was alle anderen sagen. Alle außer ich. Wir hatten keine Geheimnisse voreinander. Und vor allem waren wir glücklich beieinander.

Wir waren so unglaublich glücklich beieinander. Die Art von Glück, die eine Freundschaft zerstört. Die Art von Glück, die etwas viel Größeres erschafft und von etwas viel Größerem erschaffen wird: Liebe. Es hat tatsächlich gedauert, bis uns das so klar war. Wahrscheinlich wusste Daniel es schon, bevor ich es überhaupt erahnt habe. Aber irgendwann war es mir auch klar: Das kann nur Liebe sein. Zu unterschiedlich fühle ich mich bei ihm und bei den Mädchen, die ich fälschlicherweise Partnerinnen genannt habe. Nur hier bin ich glücklich.

Und auch ich habe mich verändert, aber zum Guten. Ich glaube, ich bin jetzt die beste Version meiner Selbst aller Zeiten. Auch das hat gedauert, einige Tage, ein paar Wochen. Aber ich wusste von Anfang an, dass ich diesen Weg gehen wollte. Und so habe ich es allen gesagt: Ich bin schwul. Und so habe ich es meiner Familie gesagt, so habe ich es meinen Freunden gesagt. Ich bin zur Parade gegangen. Ich wollte es der gesamten Welt entgegenschreien: Ich bin schwul! Und ich liebe Daniel! Und es kann nichts Schöneres für mich geben! Und ich näherte mich Daniel an. Natürlich brauchte ich jetzt keine Alibi-Freundinnen mehr – und mir war auch endlich komplett egal, was alle anderen sagen. Denn ich bin, wer ich bin.

Und so wurde ich noch glücklicher und befreiter. Und Daniel kam mit auf die Paraden, er schwang die Regenbogenfahne direkt neben mir. Und er sagte auch ganz offen, dass er mich liebt. Aber er sagte auch, dass er nicht schwul sein könne.

Ich bin ganz ehrlich: Das habe ich nicht verstanden. Daniel und ich. Wir lieben uns gegenseitig, also sind wir beide schwul. Und wir haben kein Problem damit, wir verstecken uns nicht. Beide nicht. Wie kann er also sagen, dass er nicht schwul sei.

Daniel und ich kennen uns seit dem Kindergarten, wir haben keine Geheimnisse voreinander. Und er sagte mir auch, warum er nicht schwul sein könne. Er will nicht länger Daniel sein. Er fühlt sich so nicht wohl. Er möchte zu Daniela werden. Eine Frau im Körper eines Mannes. Eine Daniela im Körper meines Freundes Daniel.

Und ich beginne mir Fragen zu stellen. Keine Fragen über Danielas Entscheidung. Wenn sie es so möchte, dann ist das okay, ich liebe sie ja trotzdem. Und ich habe es bei meinem Outing ja selbst gemerkt, wie viele dagegen sind, wie viele mir Steine und nicht nur Stöcker, sondern ganze Wälder zwischen die Füße geworfen haben. Doch es hatte sich vom ersten Schritt an richtig angefühlt. Und schon immer war Daniel der überlegtere von uns Beiden. Der, der seinen Entschluss erst dann mitgeteilt hat, wenn er ihn fest gefasst hatte. Und ich werde Daniela voll dabei unterstützen, bei allem, was nun auf sie und auf uns zukommt.

Und das steht für mich absolut nicht zur Diskussion. Nein, mir stellen sich ganz andere Fragen. Habe ich nun wieder eine Freundin? Und bin ich so überhaupt schwul? Ich liebe ja doch ein Mädchen, das einzig richtige Mädchen für mich. Ob man es ihr nun ansieht oder nicht zählt doch nicht, wichtig ist ihr Gefühl.

Verstehen werden es wohl viele noch weniger als wenn wir einfach ein schwules Liebespaar sind. Aber nein, das sind wir nicht! Wir sind ein heterogenes Paar mit einer Homogenität beim Geschlechtsorgan.
Und eigentlich sind wir wie alle anderen: Denn wir wollen glücklich sein! Denn wir wollen mit der Person, die wir lieben, unsere Zeit verbringen und

unser Leben teilen! Und da gibt es keinen Unterschied zu denjenigen, die sich eine Freundin gesucht haben und mit ihr glücklich wurden, zu unserer Zeit als ich dachte, dass ich schwul wäre, und zu jetzt, wo ich Daniela genauso liebe wie Daniel zuvor – und das ganz ohne das Daniel eifersüchtig ist. Daniel ist einfach gestorben, zum Wohle von ihm selbst...

*„Daniel und Daniela" wurde geschrieben am 13.03.2021.*

# Wir sind alle gleich

H-H-H-Hal-Hal-Hal-Hallo. Was ein komischer Start. Nein, es ist auch nichts kaputt. Also fast nichts. Zumindest ist die Aufnahme nicht kaputt, das soll so. Was hingegen kaputt ist, das ist unser Verständnis von einer funktionierenden Gesellschaft. Würde ich den gesamten Text so schreiben – durchgehend stotternd – frag dich selbst: Würdest du mir zuhören? Bis zum Schluss? Und dann auch noch, ohne die Augen zu verdrehen? Na, erwischt. Ja, wir interessieren uns schon für unser Gegenüber. Das ist eine absolute Grundlage, auch wenn auch diese immer wieder mal fehlt. Doch zu schnell schwindet unser Interesse, wenn irgendetwas nicht passt, nicht perfekt ist.

Wer von uns ist perfekt? Offensichtlich keiner. Und würde man gerne perfekt sein? Ich weiß es nicht. Eher nein. Denn alles, was ich nicht kann, wo ich vielleicht auch nicht der Norm entspreche – das macht mich aus. Dafür bin ich dann bekannt. Eine Maschine bin ich nicht. Ich bin ein Mensch mit einer ganzen Menge an Ecken und Kanten. Und das ist gut so und wenn das jemand nicht mag, dann kann das so sein – aber ich ändere mich dafür nicht.

Doch verurteile ich jemand anderen, nur weil er stottert? Auf gar keinen Fall, das ist absolut würdelos. Einfach zuhören. Den anderen verstehen. Schauen, was er mir erzählt. Wenn er einmal anfängt und merkt, dass ich ihm wirklich mit ernsthaftem Interesse zuhöre – dann erfahre ich ganz sicher unglaublich Interessantes. Und schauen wir doch mal auf das Gegenstück: Die ganzen Pressesprecher und Vorstandschefs, die eloquent sind und rhetorisch voll auf der Höhe. Was erzählen sie einem schon? Also jetzt wirklich vom Inhaltlichen? Nicht besonders viel. Nicht zuhören, weil jemand stottert – Witze darüber machen, wie einer sich traut, etwas von seinem Innersten preiszugeben: Das ist Scheiße!

Wieso bist du noch so klein? Wann wächst du denn noch? Einen Meter unter mir und dennoch gleich alt. Doch am Ende hast du doch die gleiche Erfahrungsmenge, wahrscheinlich noch viel mehr. Wie kommst du da oben eigentlich dran? Oh, cool. So habe ich das ja noch nie gesehen. So einen hohen Einfallsreichtum. Da wäre ich selbst ja niemals draufgekommen. Gibt es eigentlich etwas, was du nicht kannst – Nein? Da sieht man es wieder, man kann groß oder auch klein sein. Am Ende sind wir alle gleich, es gibt keinen wirklichen Unterschied. Dann brauchen wir auch keinen machen, keine Samthandschuhe, kein Desinteresse. Einfach alles ganz normal, es gibt hier nichts Besonders. Alles andere ist Scheiße.

Geflohen vor dem Krieg, einem unglaublichen Grauen, dass man sich hier überhaupt nicht im Ansatz vorstellen kann. Eingeladen, um hier zu arbeiten, schon vor mehreren Generationen. Diese Leute haben unser Land aufgebaut, nach dem Krieg. Und es kommen Leute, die jetzt gerade Krieg haben. Während wir hier sitzen, im Warmen und uns darüber ärgern, wenn uns das Fernsehprogramm nicht gefällt. Mit welchem Recht wir hier sitzen und andere fliehen müssen? Mit überhaupt keinem. Es ist ein Privileg – eines, über das wir uns sehr freuen können. Es ist aber genauso wenig fair wie selbstverständlich, nur weil wir es nicht anders kennen.

Schon einmal im Ausland gewesen? Und da meine ich nicht Mallorca, wo sowieso zur Urlaubszeit nur Deutsche sind. Und ich meine damit auch nicht das Chillen am Pool des Fünf-Sterne-Hotels. Sondern das Ausland, wo alle eine andere Sprache sprechen. Wo man sich bestenfalls mit Händen und Füßen verständigen kann. Wo man sich einfach fremd fühlt – sich gerne an den Annehmlichkeiten des Landes erfreut, aber gleichzeitig auch eine große Vorfreude auf Zuhause verspürt. Da, wo alles gewohnt ist und man selbst jeden kennt. Wo man nicht mehr fremd ist.

Wenn diese Möglichkeit weg wäre, dann wäre das Einzige, was uns noch bleibt die Gastfreundschaft und Freundlichkeit der dortigen Bevölkerung. Die sich vielleicht auch einmal dafür interessiert, wie es uns geht. Was unser Land ausmacht, das Land der Dichter und Denker. Und hoffentlich nicht der Vollidioten und Arschlöcher. Kultureller Austausch muss auch hier bei uns den größten Teil einnehmen. Den anderen richtig kennenlernen, offen und vorurteilsfrei. Und nicht zu wünschen, dass man noch einmal durch dieses im Hotelzimmer immer so schön aussehende Mittelmeer zurückschwimmt auf gleichem Weg. Dann geht unsere Menschlichkeit genauso unter wie viel zu viele Menschen. Und das ist Scheiße!

Von Mode hast du wohl noch nie gehört, die Sachen sind ja alt und kaputt. Oder sehen nicht toll aus. Vielleicht dienen sie einem bestimmten Zweck, aber sie würden durchfallen. Sie würden durchfallen bei jeder heutigen

Modenschau. Was sollen Leute denken, die irgendwann Fotos aus dieser Zeit sehen – DAS hat man getragen? Dabei hat man es doch gar nicht. Nur ein Mensch hat es getragen, es erschien ihm sinnvoll und er fühlte sich darin wohl. Und sollte das nicht der wesentliche Maßstab für so etwas sein? Absolut. Es muss nicht das teuerste Handy sein, die Kleidung muss nicht für jeden schön aussehen und auch ohne ein Tattoo ist man genauso gut wie jeder andere. Am Ende muss man selbst glücklich sein. Und das geht deutlich einfacher, wenn einem nicht dauernd jemand sagt, dass man so hässlich ist, ein Loser und Versager. Man ist sich einfach treu geblieben. Statt solcher Aussagen würde ich mir wünschen, dass sich mehr Menschen treu bleiben und nicht jeden Trend mitgehen müssen, weil es gerade angesagt ist.

Mit wie vielen Beispielen könnte man das noch weiterführen... Viel zu vielen. Doch eines ist doch ganz klar: Jeder Mensch auf dieser Welt ist einzigartig, hat eigene Stärken und auch eigene Schwächen und hat es verdient, am Ende jedes Tages mit einem glücklichen Gefühl ins Bett zu gehen! Und keiner dieser Menschen ist perfekt. Aber was richtig Scheiße ist, das ist Mobbing! Denn nicht ein Mensch ist anders. Jeder Mensch ist anders als der andere. Und das ist vielleicht das Beste, was es überhaupt geben kann.

*„Wir sind alle gleich" wurde geschrieben am 04.02.2021.*

# Du willst mich sehen

Ein Leben im Einklang mit mir selbst, alles auf geregelten Bahnen. Ich muss mich vor niemandem rechtfertigen, alles ist okay. Ich muss zufrieden mit mir sein, niemand anderes sonst.

So war es. Und so war es richtig schön. Gerne würde ich genau dahin zurück, doch es geht nicht. Alles hat sich geändert, seit du mich angerufen hast, gerade eben.

Du willst mich sehen. Doch will ich dich auch sehen? Ich weiß es einfach nicht. Bis jetzt lief mein Leben so gut, so ruhig. Ich kann ganz gut ohne dich leben. Klar weiß ich, dass es dich gibt. Aber du bist kein Teil meines Lebens. Ich habe für dich nie existiert, als es wichtig war. Immer dann, wenn ich dich vielleicht gebraucht hätte, dann habe ich nicht einmal an dich gedacht. Ich habe nicht an dich gedacht, weil du noch nie da warst.

Manchmal habe ich überlegt, wie das wohl wäre. Wie es wäre, dich zu suchen. Wie es wäre, dich zu finden. Mit dir zu reden. Dich vielleicht sogar zu umarmen. Doch diese Gedanken habe ich schnell verworfen. Was habe ich bisher verpasst, als du nicht da warst? Ich weiß es einfach nicht. Ich weiß auch nicht, ob ich mit dir glücklich werde. Ich weiß aber, dass ich jetzt glücklich bin. Ohne dich, ohne deine ganzen Enttäuschungen.

Und jetzt stehe ich hier am Telefon und höre deine Stimme. Du willst mich sehen. Dabei kennst du mich doch auch eigentlich gar nicht. Du weißt nicht, wer ich wirklich bin. Du weißt nicht, wie ich bin. Du kennst weder meinen Freundeskreis noch meine Interessen.

Ich bin bestimmt anders, als du es dir vorstellst. Dann bist du enttäuscht. Du willst es nicht sagen, aber man wird es in deinem Blick sehen. Ich will keinen enttäuschten Blick sehen von einer Person, die mich bisher nur enttäuscht hat. Du scheinst enttäuschte Blicke sehen zu wollen. Du willst mich sehen. Ich kann mir nicht vorstellen, dass es anders wird. Dass wir uns versöhnen können. Manchmal habe ich daran gedacht, dich zu suchen und zu finden. Ich habe es nie gemacht. Es gab immer etwas, was mir wichtiger war. Allem voran mein eigenes schönes Leben.

Doch das ist jetzt alles egal. Denn du bist den einen Schritt weiter gegangen. Und jetzt bist du am Telefon und ich muss mich entscheiden. Nicht, ob ich dich irgendwann mal suchen möchte oder vielleicht doch eher nicht, sondern ob ich die Chance nutze – jetzt oder vielleicht nie.

Das ist so anders, es überfordert mich. Ob ich noch da sei? Jaja, klar. Aber wie soll ich auf diese Frage so schnell antworten. Ich weiß immer noch nicht, ob ich dich sehen will. Meine Gedanken wandern wieder weiter, hin zu den ganzen Personen, die ich im Laufe des Lebens verloren habe. Du gehörst nicht dazu, dich kenne ich nicht. Du bist einfach ein Fremder. Aber du weißt schon länger, dass es mich gibt, als ich es weiß. Wie gerne würde ich ein paar der Leute wiedersehen, die ich auf meinem Weg verloren habe.

Ich bin mir sicher, dass mein Leben dann noch besser gewesen wäre. Aber nun bin ich schon so lange auf mich gestellt, eine weitere Person in meinem direkten Umkreis wäre etwas ganz anderes. Ich kann es nicht genau beschreiben, aber ich habe irgendwie Angst. Angst vor dem Ja. Angst vor dem Nein.

Also sage ich dir das auch: „Ich habe Angst“. „Ich auch, mein Junge. Ich auch. Schon seit so vielen Jahren habe ich Angst vor diesem Anruf.“ Vielleicht stimmt es ja, denke ich mir. Vielleicht muss man es einfach mal eingehen, dieses ungewisse Risiko. Und vielleicht bist du nicht so schlimm, wie ich denke.

Okay, ein Treffen kann ja nicht schaden. Und dann wird man weitersehen. Nur eine Frage muss ich dann unbedingt ganz am Anfang stellen: Wie soll ich dich nennen?

*„Du willst mich sehen“ wurde geschrieben am 21.04.2021.*

# Unverständnis kommt immer

Irgendwer will immer das Sagen haben. Doch wer ist das? Wohl nicht die Jüngsten, sie schauen herauf zu allen und erfreuen sich des Lebens. Mit viel Geschrei und Babybrei, aber sie sind der ganze Stolz.

Ein Stolz, der mit der Zeit geht. Der Vater bekommt weißes Haar, der Mutter kommen Falten – doch sie erzählen jedem, sie wollen dem Kind eine bessere Zukunft gestalten. Doch verstehen sie diese Zukunft? Heutzutage zeigt sich, dass dies nicht der Fall ist. Einsehen will es keiner, aber die Pubertät öffnet wenigstens einem die Augen – dem, der noch vor Jahren an Mamis Brust war zum Saugen.

Und er hat eigene Interessen, will mit Frauen ausgehen oder Actionfilme im Kino sehen. Er ist politisch engagiert, will in einer gesunden Welt leben. Einer Welt, die seine Eltern kaputt gemacht haben. Und ihre Eltern. Und ihre Eltern. Er will das nicht auch, er will es besser machen.

Deutsch, Musik und zwei Stunden Religion – was verpasst er in der Schule freitags schon? Eine Zukunft malt er sich aus, mit traumhafter Frau und traumhaftem Haus. Doch die Pole schmelzen und er soll die Bibel wälzen. Und wie es der Industrie geht interessiert ihn nicht, was bringt diese, wenn das Ozonloch wächst und Länder untergehen? – Eine einfache Frage, ganz schlicht...

Seine Eltern finden das nicht gut, sie wollen ihn überzeugen: Bildung ist doch das höchste Gut. Doch was soll er damit anfangen, am Ende studiert er noch BWL. Und dann interessieren ihn die Probleme vielleicht nicht mehr, das geht ganz schnell. Denn dann würde er profitieren, er würde Geld bekommen für das Zerstören der Erde.

Er will eigentlich lieber Programmierer werden, davon verstehen seine Eltern auch nichts. Als sie in seinem Alter waren gab es keine wirkliche Technik, da waren Kassettenrekorder noch schick.

Und jetzt wird wieder das Phrasenschwein bemüht: Die Jugend ist doch so schlecht, sie kümmert sich um die Belange der Gesellschaft einen Dreck.

Doch was will die Gesellschaft? Will sie ein weiter so – wohl eher nicht. Aber es wäre den Politikern am liebsten, den Leuten in Wirtschaft und mit Sagen, wenn sich die Jugend nicht mehr trauen würde irgendwas zu sagen.
Und ja, die jungen Leute gehen feiern, teilweise endet das mit einem weiteren Tag voller Reihern. Und Bildung ist sehr wichtig, das ist zweifelslos richtig. Und schwänzen bringt die Welt nicht in Ordnung, die Plakate schaden der Umwelt wie der Dreck. Der Dreck auf den Straßen, von Leuten die sich den Titel „Umweltschützer“ anmaßen.

Aber Engagement ist wichtig und die Jugend ist dabei. Und eigentlich ist jede Jugend dabei. Zu zeigen, was die Eltern nicht verstehen. Mit eigenen Anliegen auf die Straße gehen. Kommt der Schah oder ist das Ende der Welt nah?

Eltern verstehen es nicht. Und er versteht sie nicht. Aber irgendwann kommt der Punkt, da bekommt er ein Kind, und irgendwann ist es in der Pubertät. Es will feiern, es will sich für etwas einsetzen, was er nicht versteht, es will Regeln brechen und alles wird schlecht sein an dieser Generation. Kurzum: Es wird so sein, wie es immer war. Ob er es dann versteht? Ob er sich auf diese jetzige Zeit zurück beseelt? Wenn ja, dann wäre das wunderbar. Es ist wie immer, wenn er das tut nimmer.

*„Unverständnis kommt immer“ wurde geschrieben am 20.10.2020.*

# Sommer mit Maske

Es sind dreißig Grad draußen, die Sonne knallt auf nackte Oberkörper. Oberkörper, die ein klein wenig zu dick sind. Keiner war trainieren, die Bierbäuche sind nicht im heißen Süden, um sich zu Partymusik ihrem Alkoholgenuss hinzugeben. Sie sind hier, auch bei uns. Sie liegen nur ein paar Meter weiter im grünen Gras, und es stört mich überhaupt nicht. Kein Bauch ist so dick, dass er mir ein bisschen was von den angenehmen Sonnenstrahlen wegnehmen kann, eigentlich macht mich die Familie mit den kleinen Kindern im Schatten des Baumes viel neidischer. Sie sitzen auf einer Picknickdecke, sie sitzen im Schatten, die Kinder lachen und der Vater ist beim Eiswagen, er holt für alle zwei Kugeln in der Waffel.

Es kann doch alles so schön sein. Plötzlich tippt mich eine Hand von hinten an, was ein ungewohntes Gefühl. Gegenüber auf der anderen Seite des Flusses verknoten sich Liebespaare ineinander, mir sind physische Berührungen fremd wie noch nie in meinem Leben. Ich erschrecke, aber hinter mir steht ein junger Mann, wie alt mag er nur sein? Schon 20? Ich weiß es nicht. Bestimmt grinst er, ich weiß es nicht. Ob es mich störe, wenn sie gleich ganz in meiner Nähe ein bisschen lauter die Musik aufdrehen? Aber absolut überhaupt nicht! Dadurch spüre ich Leben um mich herum, Begeisterung. Ich bin ja selbst schon gespannt, was kommt. Aber wenn mir die Musik nicht gefällt, dann werde ich einfach weitergehen, der Fluss ist lang und ich bleibe sowieso ungern stehen.

Oh, welch freudige Überraschung. Ich mag die Musik. Da bleibe ich doch gerne noch ein bisschen sitzen, die Sonne wärmt mich und die Musik macht mich genauso glücklich wie das Leben um mich herum. Und dann kommst du, mein Tag wird wohl perfekt werden.

Ich würde dich jetzt gerne beschreiben, aber das ist gar nicht so einfach: Auf dem Kopf trägst du einen breiten Sonnenhut, du kannst die Sonne richtig einschätzen. Sie wärmt, sie leuchtet, aber sie ist auch gefährlich. Du schützt dich, das ist gut. Danke dir, so bleibst du länger gesund. Du trägst eine Sonnenbrille auf der Nase, dunkel getönt und reflektierend. Die Spiegelung blitzt in meinen Augen auf, sie fällt in meine eigene Sonnenbrille. Ich bin komplett unbekleidet am Oberkörper, doch die Sonnenbrille muss sein, sie war ein Geschenk von dir. Wir schützen damit unsere Augen. Danke dir, so bleiben wir länger gesund. Leider ist von deinen wunderschönen Augen dadurch nichts zu sehen, schauen sie treu, genießen sie die Wärme oder weinst du etwa? Ich weiß es nicht. Noch über deiner Nase und auch über deinem Mund ist eine Maske, genauso wie bei jedem anderen hier auf der Wiese. Du schützt dich, du schützt andere. Ich schütze dich, ich schütze mich, ich schütze andere. Doch was ist mit deinem verschmitzten Lächeln? Was mit deinen wunderbaren Sommersprossen? Die Sommersprossen werden auch geschützt, vor jedem einzelnen Sonnenstrahl.

Ich sehe nichts von dir, der Hut, die Sonnenbrille, die Maske. Und ich höre auch nicht wirklich viel von dir, die Maske macht alles undeutlich, von drüben weht weiterhin Musik zu meinen Ohren, viel lauter als dein gedämpftes Lachen. Doch wir brauchen nicht reden, ich brauche dich nicht zu sehen. Denn all diese Beschreibungen sind trivial. Stellt sie euch doch noch einmal vor, ich beschreibe sie in einem Satz: Sie ist die höchste Perfektion, die man sich vorstellen kann. Und dazu scheint die Sonne, dazu kommen nun sogar Liebeslieder, dazu plätschert der Fluss, ein paar Enten schwimmen vorbei. Wir können uns nicht küssen, es wäre nur Maske auf Maske. Aber wenn der Sommer vorbei ist, alles wieder kalt, wieder Regen, wieder Blitz und Donner – genau dann wird irgendwann die Maske abgenommen, dein traumhaftes Haar bleibt unter dem Schirm ganz trocken und die Sommersprossen sind nicht das Einzige, was mich an den Sommer erinnert: Du bist mein Sonnenschein!

Ich muss beinahe kotzen, so bunt und kitschig ist das alles, aber solange du bei mir bist, solange darf es kitschig sein, dieses Traumbild. Ob es nur in meiner Phantasie existiert? Naja, ich weiß nicht, ob sich unter den Masken Sommersprossen verbergen. Ich weiß nicht, ob sich unter der Sonnenbrille tiefblaue Augen verbergen. Ich weiß überhaupt fast nichts. Aber ich weiß, dass es warm ist, beinahe dreißig Grad. Das Wetter ist schön, die Sonne knallt auf meinen nackten Oberkörper.

*„Sommer mit Maske“ wurde geschrieben am 20.05.2021.*

# Was Liebe ausmacht...

Als erstes ist dort ein Nichts. Ein großes Nichts. Es ist dunkel. Es ist leer. Es ist schwarz. Es fühlt sich nicht einmal schlecht an. Ehrlich gesagt fühle ich überhaupt nichts.

Ich weiß nicht, wann es kam. Ich weiß nicht, was es war. Lange ist es schon da. Wir haben uns aneinander gewöhnt. Freunde sind wir nicht. Aber ich bekomme es nicht weg. Wird es ewig bleiben? Bitte nicht! Oder wie lange kann eine Ewigkeit sein? Ich kann jederzeit Schluss machen. Ich habe die Möglichkeit, es für immer zu beenden.

Wir gehen getrennte Wege: Es spritzt aus meinem Kopf an die Wand hinter mir und ich tauche ab unter die Erde. Vielleicht geht es mir dort besser, vielleicht fühle ich dort Befreiung und Freude – wie fühlt sich das eigentlich an? Keine Ahnung. Es ist ewig her.

Aber vor allem komme ich dann endlich dorthin, wo ich hingehöre: In die Erde. In den Schlamm. Dort, wo Hunde hinkacken. Dort, wo Gülle spritzt und sich die widerlichsten Insekten ernähren. Von mir. Dafür bin ich gerade noch gut genug.

Würde es jemanden verletzen, wenn ich gehe? Wohl eher nicht. Wichtiger ist, ob überhaupt irgendjemand davon Notiz nehmen würde.
Ich wünschte, es wäre anders. Ich wünschte, ich wäre wie die anderen. Abends feiern gehen. Hin und wieder eine Runde trinken gehen. Aber das bin ich nicht. Und selbst wenn: Die anderen wollen mich sowieso nicht sehen, nicht dabei haben. Wieso sollten sie auch? Solche Veranstaltungen sind schön. Es herrscht gute Stimmung. Es wird gelacht. Es wird gefeiert. Also was soll ich da...

Manchmal sagt man mir, ich soll reden. Reden, reden, reden. Mit wem? Wer will einem Looser zuhören? Und was soll ich schon erzählen. Keiner denkt wie ich. Keiner versteht mich. Keiner weiß, wie ich mich fühle. Keiner ist für mich da.

Ich habe jemanden kennengelernt. Er sieht nicht schön aus. Wirklich nicht. Und er ist auch ein Junge. Er ist ein Außenseiter. Niemand will ihn dabei haben. Ich habe ihn vor einem Jahr kennengelernt.

Vor einem Monat habe ich ihn das erste Mal Lachen sehen. Seine Zähne sind wunderschön. Vorher hat man sie nie gesehen.
Er versteht mich. Ich verstehe ihn. Die anderen nicht. Weder mich noch ihn. Und ich hätte nicht gedacht, dass sie mich noch schlechter behandeln können als vorher. Jetzt bin ich nur noch der Schwule. Und nicht mehr das Arschloch. Oder auch noch. Eigentlich bin ich wahrscheinlich beides.
Aber ich habe ihn. Wir können reden. Und, verdammt, ich liebe ihn. Meine Eltern wissen nichts. Wie immer wissen sie nichts. Sie wussten noch nie etwas von mir.

Doch zum ersten Mal in meinem Leben ist mir das egal. Und mir ist zum ersten Mal egal, was die anderen sagen. Und ich bin unglaublich froh, dass ich nicht unter der Erde vergammele. Ich will leben und das nur mit dieser einzigen Person!

*„Was Liebe ausmacht…“ wurde geschrieben am 20.08.2020.*

# Wenn ich dich doch liebe

Ich stehe vor deiner Tür. In der linken Hand halte ich einen Blumenstrauß, aber ohne Rosen. Du magst keine Rosen. Dornen tun dir weh, mit Stacheln verletzt man dich. In der rechten Hand halte ich eine Tafel Schokolade. Darauf steht „Entschuldigung“, nur dieses eine Wort.

In meiner Manteltasche ist ein Zettel. Dort steht genau das drauf, was ich dir gleich sagen will. Wenn ich es nicht schaffe. Wenn ich in Tränen ausbreche, genau die Tränen, die ein Mann niemals vergießen sollte. Das sagte mein Vater mir. „Keiner sollte je sehen, wie du weinst, mein Sohn! Wenn du schon eine Memme bist, dann alleine im Bett!“. Einen klugen Spruch hatte er immer auf Lager. Aber auf so eine Situation bin ich nicht vorbereitet. Keiner wird sehen, dass ich weine. Sie wird nicht sehen, dass ich weine. Denn ich habe Blumen, denn ich habe Schokolade, denn ich habe einen Zettel, doch ich habe keinen Schirm. Dabei regnet es seit letzter Woche ohne Pause. Eine Gewitterwolke, die einfach nicht verziehen will. Und hier draußen macht es keinen Unterschied, ob ich weine oder nass werde. Ich triefe sowieso überall vor Nässe.

Es wäre nur ein kleiner Schritt aus dem Regen heraus. Ein Schritt in das Treppenhaus, voller Neonröhren, schwach erleuchtet und mit vielen Kinderwagen mitten im Weg. Keiner dieser Kinderwagen gehört uns, alle gehören den Nachbarn von ihr. Nicht meinen Nachbarn. Nicht mehr meinen Nachbarn.

Und die Kinder wachsen auf, sie spielen im Hof. Und dann geht es zu ihrer Mutter, sie hat Essen gemacht, sie hat eingekauft, sie war auf der Arbeit. Und der Vater ist weg, in einer anderen Straße, einer anderen Stadt, in einem anderen Land. Sie sind nicht da.

Das, was von ihnen bleibt: Ein Kind. Alle Informationen, die das Sperma mitgebracht hat in die Eizelle. Unwiederbringlich verewigt, bei einem gemeinsamen Akt. Das wollte ich doch gar nicht! Das wollte ich doch nur mit ihr! Ich wollte meinen Spaß haben und sie war so nett. Wie konnte ich denn da widerstehen? Sie wollte ins Bett! Ich hatte ein Kondom, es hat gehalten, es kann nichts passiert sein.

Von dir will ich ein Kind, von ihr nicht. Aber ich musste ja weitermachen. Weil ich nur meinen Spaß haben wollte mit ihr. Und den hatte ich beim ersten Mal nicht – wie sollte ich auch, wenn meine Gedanken die gesamte Zeit bei dir waren. Du wolltest jetzt kein Kind, du willst Karriere. Ich wollte Zärtlichkeit, ich wollte Körperlichkeit. Wie soll das gehen? Du kommst erst ganz spät und musst früh wieder raus. Du bist da, um zu schlafen. Alleine. Ich will immer noch ein Leben mit dir. Und ja, ich weiß, dass ich einen Fehler gemacht habe. Dafür hättest du letzte Woche nicht so schreien müssen. Ich wusste es die ganze Zeit. Aber du hast mich vor die Tür gesetzt, ohne dass ich ein Wort sagen durfte. Nicht, dass es schnell gegangen wäre. Dein Anfall von Geschrei dauerte lange, aber er war ohne Punkt und Komma.

Wenn ich einen Apfel will, dann gehe ich zum Bauern. Und du schmeißt mich nicht raus. Wenn ich einen neuen Haarschnitt möchte, dann gehe ich zum Friseur. Und du schmeißt mich nicht raus. Wenn ich Zärtlichkeit will – dann schmeißt du mich raus. Das habe ich nun kapiert.

Wir müssen darüber reden, was uns Freiheit bedeutet. Wir müssen darüber reden, was wir unter Treue verstehen. Denn egal, wo ich mir meine Freiheit nehme, egal, was mein Körper macht: In Gedanken bin ich dir immer treu gewesen, seit wir uns zum ersten Mal begegneten. Und ich werde dir immer treu sein, und ich will nicht jedes Mal an dich denken, an deine Wut, an dein wunderbares Gesicht, wenn ich mir in Zukunft eine andere Freundin suchen müsste.

Und ich wünschte, wir müssten nicht über uns reden. Und es wäre alles wie vorher. Bevor du mich rausgeworfen hast. Wegen eines Fehlers. Habe ich keine zweite Chance bei dir verdient. Gleich werde ich es wissen – geht die Tür auf oder komme ich nicht ins Treppenhaus mit den Kinderwagen. Kommt mein Zettel nur in den Briefkasten, Romantik geht anders...
Ich hoffe, dass du mir verzeihst. Ich werde es nie wieder machen. Aber vielleicht war einmal genau einmal zu viel. Ich bin nass. Ich drücke die Klingel und warte darauf, ob die Tür surrt...

*„Wenn ich dich doch liebe" wurde geschrieben am 23.02.2021.*

*Gemeinsam mit dem Text „Wenn er mich doch lieben würde" (kommender Text) bildet der Text einen Doppeltext, bestehend aus zwei unterschiedlichen Perspektiven.*

# Wenn er mich doch lieben würde

Tür aufschließen, schnell in die Wohnung rein. Seit letzter Woche wohne ich hier alleine. Ich hatte mir das anders vorgestellt. Wenn nur noch die Hälfte an Personen da ist: Müsste es dann nicht alles größer werden. Aber es wurde nicht größer. Ganz im Gegenteil, ich fühle mich beengt, die Wände kommen scheinbar immer näher an mich heran. Sie wollen mich zerdrücken.

Und ich tue alles, um nicht daran denken zu müssen. Es sind Wassertropfen auf die Akten geregnet. Wasser von dem Regen, der seit einer Woche unaufhörlich fällt. Alle Wolken haben sich zugezogen und der einzige Lichtschimmer, den ich nun noch habe, ist meine Gewissheit. Meine Gewissheit, dass das, was ich getan habe, richtig war. Ich habe richtig gehandelt, er nicht. Ich war im Recht. Und doch schmerzt es so sehr.

Seit drei Jahren habe ich nicht mehr alleine gewohnt. Immer mit ihm und jetzt ist es leer. Wenn ich von der Arbeit kam, dann konnte ich mir Essen aufwärmen. Vielleicht hätte ich eher kommen sollen, dann hätten wir gemeinsam essen können. Aber ich habe die Arbeit nie mit nach Hause gebracht. Niemals. Bis letzte Woche. Jetzt brauche ich es, es lenkt mich ab. Ich fühle mich wie in einem sehr schlechten Film. Mit einem Drehbuch, was selbst der schlechteste Regisseur in Hollywood ablehnen würde. Die Sekretärin, das habe ich immer für ein Klischee gehalten. Aber es ist kein Klischee. Bei mir, bei ihm, bei uns ist es kein Klischee.

Ich habe so viel verstanden, so viel Verständnis gehabt. Die Dartscheibe habe ich abgehängt. Ich konnte sie nie leiden. Warum es rot an der Wand sein musste, habe ich nie verstanden. Aber es ist rot, und manchmal ist die Farbe abgeblättert. In langen Strichen ist es weiß inmitten des ganzen roten Anstrichs. Wie ein gebrochenes Herz. Wie mein gebrochenes Herz.

Verziehen hätte ich doch fast alles, aber wieso musste er ausgerechnet mit ihr ins Bett? Nicht einmal, immer wieder. Wir haben uns viele Freiheiten gegeben, wir hatten beide auch mal Zeit für uns. Aber ich habe nicht mit irgendwem geschlafen. Ich war ihm immer treu, ich hätte nicht einmal daran gedacht. Was macht denn ansonsten eine gute Beziehung aus? Was, wenn

nicht Liebe, Freiheit und Treue? Versteht er etwa diesen Stich in mein Herz als Treue? Als Liebe?
Er hat nichts dazu gesagt, als ich ihn letzte Woche herausgeschmissen habe. Er hat überhaupt nichts gesagt, als ich ihn rausgeschmissen habe. Er hat seine Sachen genommen und ist aus meinem Blickfeld verschwunden. Besser ist das. Und richtig war es auch, das weiß ich.

Doch noch besser wäre es gewesen, er wäre nicht nur aus meinem Blickfeld verschwunden. Sondern auch aus meinen Gedanken, sondern auch aus meinem Herzen. Denn dort sitzt er immer noch und lacht mich an. Er lacht mich an wie immer. Wie früher. Und ich dachte, es ist ein liebevolles Lachen. Doch wem gab er seine Liebe, wenn er es nur eine Stunde vorher noch getrieben hat? Nicht mit mir. Vielleicht ist es auch nur eine Maske, eine Maske für das abgrundtief Böse.

Das Böse, was sich daran erfreut, dass ich nun meine Ziele nie erreichen kann. Wie gerne hätte ich nur auch Kinder. Wie bei den Nachbarn, deren Kinder sind so toll. Und ich sehe dort auch, dass eine Mutter ausreicht, um Kinder großzuziehen. Ich brauche ihn dafür nicht. Aber kein Kind entsteht ohne Mann und Frau. Und mit ihm kann ich das nicht mehr. Mit ihm will ich es auch nicht mehr.

Und auch mit keinem anderen Mann, wie soll ich nur je wieder einem Mann vertrauen? Vielleicht macht er das gleiche hinter meinem Rücken und lacht mich genauso liebevoll später an und will es mit mir direkt wiederholen. Nein, das kann ich einfach nicht mehr.

Und wenn die Familie kaputt ist, dann bleibt ja nur noch immer mehr Arbeit. Ich bestelle mir jetzt Essen, eine Pizza vom Lieferdienst und dazu meine Lieblingsschokolade – das Beste an diesem weiteren verdammten Tag. Und dann wird gearbeitet, die gesamte Nacht. Bis es wieder ins Büro geht morgen. Schlafen bringt nur Erinnerungen hoch. Erinnerungen und Alpträume.

Ich nehme mir das Telefon für den Lieferdienst – und halte inne. Denn es klingelt, da ist jemand an meiner Tür. Wer sollte schon etwas von mir wollen... Vielleicht die nette Nachbarin von unten. Aber die Arbeit wartet. Ob ich aufmachen sollte?

*„Wenn er mich doch lieben würde" wurde geschrieben am 26.02.2021.*

*Gemeinsam mit dem Text „Wenn ich dich doch liebe" (vorangegangener Text) bildet der Text einen Doppeltext, bestehend aus zwei unterschiedlichen Perspektiven.*

# Pol-Betrachtungen

Ich stehe am Nordpol und schaue nach Süden. Und damit drehe ich mich im Kreis, nach links, nach rechts. Überall ist Süden, überall beginnt das Grauen. Ich bin gefestigt, meine Position kann nichts erschüttern. Heutzutage ist Norden auf allen Landkarten oben. Es ist auf dem Globus oben. Ich stehe über der Welt.

Von hier oben schaue ich auf die Welt, ich erhalte Nachrichten. Freunde schreiben mir, sie haben Probleme. Sie vertrauen mir. Sie erhoffen sich Rat. Ich muss mich drehen, um jeden meiner Freunde zu sehen. Nach Süden. Rechts herum. Links herum. Sie sehen sich untereinander nicht, ich kann sie als Einziger alle sehen.

In der Zeitung lese ich von den ganzen Nachrichten. „Nur eine wirklich schlechte Nachricht ist eine gute Nachricht“. Klar, das bringt Quoten und Auflage. Doch welche schlechten Nachrichten werden dort behandelt? Nicht die Alltäglichen, nur die ganz Speziellen.

Der Vater von einem hatte einen Unfall, eine Beerdigung ist zum Heulen da und eine Freundin will ihr Leben so auf keinen Fall weiterführen. Man fühlt sich hässlich, man fühlt sich schwach. Und alle schauen nach oben, wollen Rat von mir.

Was sie bekommen ist das, was jeder bei mir bekommt: Ein offenes Ohr und ernsthaftes Interesse. Jeder Mensch soll froh sein, jeder Mensch soll glücklich sein. Das ist das Ziel.

Aber geht es einer Region, die ich sehen kann, gut, dann ergibt sich auf der anderen das nächste Problem. Ein dauerhafter Friede auf der gesamten Welt: Schön wäre es, aber realistisch und wahrscheinlich wohl noch auf lange Sicht nicht...

Und jeder bekommt Rat. Und oft gleicht es sich, es doppelt sich. Aber sie sehen nicht, dass ihr Problem gleich ist. Sie sehen sich nicht. Wie könnten sie auch, ich sehe alleine alles.

Es sind die wahren Probleme. Nicht die korrupten Pharmakonzerne. Nicht die manipulierende Autolobby. Nicht die gesundheitspolitischen Pandemie-Probleme. Es sind die Probleme des Aufwachsens. Die Probleme des Erkennens der eigenen Sexualität. Einfach die Probleme, die mit der Zeit kommen.

Probleme, über die oft geschwiegen werden. Die Nachricht ist den Zeitungen nicht schlecht genug, es besteht kein allgemeines Interesse. Zu informieren vielleicht nicht, aber wenn ich über das Gehörte schreibe schon. Dann packt es. Dann soll es einen grübeln lassen. Erst dann erreichen meine Texte das Ziel. Und sie verteilen sich nach Süden. Immer weiter. Und vielleicht hilft es jemandem, bevor ich wieder angerufen werde. Einer weiteren einsamen Seele, die am Südpol steht. Eine Seele, welche die gesamte Last der Welt auf sich trägt. Welche sich im Kreis drehen kann und immer nur Norden sieht, bei der es auf dem Globus immer nach oben geht und die ganz unten steht. Ich möchte dieser Seele helfen. Und ist mein Einfluss auch noch so klein. Vielleicht nur ein einziger Text, der sie seelisch berührt. Denn wir haben viel gemeinsam, wir sind beide Kreaturen dieser Welt. Und ich bin eben auch nicht Gott, der alles im Blick haben kann und die perfekte Lösung kennt. Ich tue eben auch nur mein Bestes und hoffe, dass dies gerade gut genug ist. Und so tief auch jeder am Abgrund sein mag und so gesichert ich auch bin: Ich beneide meine Freunde auch um Sachen, die ihnen selbstverständlich vorkommen.

Und wenn ich meinen Blick nicht nach Süden schweifen lasse, wenn ich mich auf dem Nordpol niederlege. Dann schaue ich nach oben. Und ich nehme meine Stärke aus dem, was ich sehe. Meine Freunde haben es mir hierher gesendet, ein tanzendes grünes Licht. Und in ihm die Seelen von jedem Freund. Von jedem Menschen, der mir etwas bedeutet. Sie motivieren mich Tag für Tag. Und so ist jeder Text, den ich schreibe, wichtig. Er bedeutet mir etwas. Und es ist schön, wenn er auch anderen am Ende etwas bedeutet. Entweder auf der Welt, oder hoch oben im Himmel, bei den wunderschönen grünen Lichtern.

*„Pol-Betrachtungen" wurde geschrieben am 14.11.2020.*

# Die Kunst des Verlierens

Such dir etwas Positives: Glück, ein Gewinn oder Freude. All das ist vergänglich und wir wissen das. Wir wissen, dass es nicht anhält, dass es irgendwann vorbei ist. Wahrhaben wollen wir es nicht, zu schön ist doch der Moment.

Ein Moment, der uns scheinbar unsterblich macht. Hier in deinen Armen, Gewinner eines großen Wettbewerbs oder endlich mit den eigenen Texten berühmt. Schön, so unglaublich schön. Doch zu der Zeit sind wir nicht stark. Stark ist es nicht, wenn das Gefühl bestimmt wird von außen. Von den Ereignissen, die einen erst stark machen.

Wirklich stark ist man, wenn man scheitert. Wenn etwas nicht sofort klappt, ewig dauert und sich kein Erfolg einstellt. Dann geht es darum: Glaubst du? Glaubst du tatsächlich, dass du es noch hinbekommst? Genau dann streitet dein Gehirn. Es streitet mit sich selbst. Bis jetzt nicht, wieso sollte sich das ändern. Doch die Frage bleibt: Warum nicht? Warum soll es nicht schon morgen zufällig alles funktionieren, was heute noch so unerreichbar scheint...

Irgendwann hat jeder einmal Glück, irgendwann ist jeder einmal damit bestückt. Und morgen vielleicht du, wer weiß.
Doch morgen ist nicht irgendwann und manchmal ist es tatsächlich besser, sich von seinen Zielen zu entfernen. Sie zu ändern, um einen positiven Moment zu spüren. Das ist es doch, wonach man sich sehnt. Nach einer so langen Zeit voller Rückschläge und herben Enttäuschungen. Die ganze Zeit auf der Stelle getreten, da wird jeder Millimeter bejubelt. Und bald ist es zu viel. Und dann ändert sich dein Blick.

Vernunft und Verstand, das leitet dich dann. Vernunft und Verstand sind sehr wichtig, aber sie sind nicht alles: Träume und Wünsche, Sehnsüchte und unerreichbare Ziele – wenn man stark ist, dann vereint man sie mit Vernunft und Verstand. Aber vor allem vergisst man sie nicht.

Und irgendwann kommen sie wieder. Sie drängen sich wieder mehr in dein Bewusstsein. Du denkst wieder daran. Und du bist gewachsen. Hattest Erfolg und bist gestärkt. Gestärkt durch Erfolge, aber vor allem durch die Weiterentwicklung deiner mentalen Stärke. Jetzt kannst du deine Träume verfolgen, bevor es zu spät ist.

Und man kann jeden Traum erreichen. Doch auch hier muss man an seine Stärke denken. Denn Erfolg ist nicht ewig. Er geht schnell, sehr viel schneller als er kommt.

Und ist man stark, dann genießt man genau die Momente, die man sich im Erfolg rühmen kann, in vollen Zügen. Das große Ziel ist mehr als nur zum Greifen nah und endlich bist du dort, wo du schon seit so vielen Jahren sein wolltest. Wo du dein gesamtes Leben sein wolltest. Wo du nie dachtest, dass du dort jemals hinkommen kannst. Jetzt bist du da.

Und wenn der Erfolg vergeht, dann lass das Glück und die Freude bei dir bleiben. Denn es gibt keinen Grund, wütend zu sein. Es gibt keinen Grund, traurig zu sein. So viele Jahre investiert für eine so kurze Zeit. Und jetzt sitzt an deiner Stelle ein anderer. Ein Emporkömmling. Wie du einer warst. Wieso sollte er also nicht ein paar Tage, Monate, Jahre die Frucht seiner ebenso harten Arbeit ernten?

Du warst da. Du hattest deinen Erfolg. Du hattest ausschließlich Positives. Aber du warst nicht mehr stark. Das, was dich stark gemacht hat, das war erfüllt, es trieb dich nicht mehr an. Also fokussiere dich neu – ein neuer Traum, ein neues Ziel. Und dann erreiche die Stärke, dich wieder ganz nah daran zu arbeiten. Das ist die wahre Kunst: Das Verlieren. Und das wieder aufstehen. Denn das gehört immer dazu!

*„Die Kunst des Verlierens" wurde geschrieben am 29.01.2021.*

# Früher warst du glücklich

Ich schaue dir ganz tief in deine Augen. Sie sind immer noch blau. Wie das Wasser. Aber es ist nicht mehr das Wasser. Jeder Glanz ist weg, du schaust mich an und ich sehe Leere. Alles leer.

Wann begann das? Ich kann nicht sehen, was du dir wünschst. Ich weiß, du willst es nicht sagen.
Du willst es nicht sagen, weil es weh tut. Es tut dir weh. Es wird mir wehtun. Und wir wissen das. Wir wissen es beide.

Doch was soll dies nun bringen? Wir liegen Arm in Arm und könnten nicht entfernter voneinander sein. Unsere Lippen berühren sich. Wenn ein anderer uns so sieht, er würde denken, dass wir uns küssen. Aber was bedeutet küssen? Hier ist keine Leidenschaft. Hier ist kein Gefühl. Du bist traurig und mich bedrückt das. Ist das Mitleid?

Nein, denn es hätte besser sein können. Es war besser. Früher. Was ein komisches Wort. Früher. Zu der Zeit, als wir uns geliebt haben. Als wir alles füreinander waren. Als du auch glücklich warst.

Früher warst du glücklich. Jetzt sind wir es beide nicht. Ich tue dir nicht mehr gut. Wenn ich etwas ändern könnte, eine einzige Sache. Was könnte ich schon nehmen? Wo habe ich dich verloren? Ich weiß es nicht. Durch dick und dünn, das gingen wir. Und jetzt kommt es ganz Dicke. Und ich schaue neben mich und da ist Nebel. Ich kann rufen, aber wenn du kommst ist es Pflichtgefühl.

Früher wolltest du reden. Über das, was dich bewegt. Dein Leben mit dem besten Menschen teilen, den du jemals kennengelernt hast. Du hast gelacht. Unglaublich schön, wie ein Engel. Ein Engel oder ein Todesengel...
Nein, damals waren wir verliebt, schwebten im siebten Himmel. Aber ich habe den Aufprall nicht geschafft. Du warst da. Du bist da. Du hast mich nicht verlassen. Jedoch – was nutzt mir das, wenn wir nicht mehr sind wie damals? Wir können das früher niemals zurückerhalten.

Wenn du jetzt reden willst, dann will ich dir eigentlich nicht zuhören. Wie weit sind wir nur gefallen? Es ist mir egal, wer den Müll rausbringt. Es ist mir egal, wer die Scherben wegfegt. Wieso reden wir darüber? Du warst mein Engel, doch die Scherben sind meine. Ich liege am Boden und du bist nicht glücklich. Ich bin auch nicht glücklich. Ich bin das genaue Gegenteil. Meine Trauer überwiegt alles, was ich denken könnte. Und währenddessen liegst du im selben Bett. Ich bin auch noch da. Kann man es erneut versuchen?

Doch eine Sache haben wir nie geschafft. Zeit kann man nicht anhalten. Das war mein größter Wunsch früher. Schon wieder dieses Früher. Wie soll es noch einmal so sein wie früher??? Das geht nicht!

Ich weiß, ich habe es kaputt gemacht. Dir alles von mir gegeben, ich war dir vollkommen ergeben. Aber es war nicht genug. Eine einzige Sache hat gefehlt. Du hast es dir gewünscht und ich konnte es dir nicht bieten. Damals nicht. Ich war noch nicht reif genug, ich war noch nicht bereit genug. Dieser Ring. Hätte er etwas geändert? Wärst du dann nun glücklich. Wenn du in meinem Bett liegst. Wenn du mich küsst. Wenn du mit mir reden willst. Ein Stück Metall, jetzt würde ich es nehmen.

Ich bin reif. Ich bin bereit. Aber du nicht. Und ich bin unsicher. Du willst weiter. Ich kann dich nicht halten. Bestimmt macht dich einmal jemand glücklich. Nicht glücklicher. Nur so glücklich, wie ich es früher konnte. Früher warst du glücklich. Die schönste Zeit meines Lebens.

Und ich wünsche, dass du wieder glücklich wirst. Es ist nicht nötig, zu lügen. Mich anzulügen. Dich anzulügen. Unsere Beziehung zueinander anzulügen. Und deswegen helfe ich dir, ich mache den Schritt. Und er tut so unglaublich weh: „Schatz, ich will das du glücklich bist. Es ist aus, hier bist du es nicht. Und vergiss trotzdem nie: Ich liebe dich!“

*„Früher warst du glücklich“ wurde geschrieben am 07.01.2021.*

# Schattenfänger

Ein neuer Tag beginnt, nur langsam merke ich das. Mein Gehirn ist noch im Schlaf, mein Körper auf dem Weg ins Bad. Es tröpfelt, ganz langsam. Wie ein Roboter steige ich unter die Dusche, das Wasser schließt mich ein. Erst ganz kalt, dann angenehm und nun brütend heiß. Aua! Schnell heruntergestellt, denn das Wasser kann ich kontrollieren. Was ein erhabenes Gefühl: Ich kann das Wasser kontrollieren. Mit meiner Hand. Einer scheinbar magischen Hand. Oder eben die magische Technik.

Doch ich kann meinen Kopf nicht kontrollieren, hier wandeln die Schatten der Nacht. Und ich bin der Schattenfänger, aber fange nie alle ein.

Gestern kurz vor dem viel zu kurzen Schlaf habe ich an sie alle gedacht. Diejenigen, bei denen ich mich auch wieder einmal melden müsste. Bei denen es viel zu lange her ist, dass ich das letzte Mal da war. Und dann waren dort die ganzen Leute, die immer für mich da sind. Auf die ich mich verlassen kann, denen ich in vollem Umfang vertraue. Doch dann waren dort auch diejenigen, die mich verletzt haben. Denen ich früher einmal vertraut habe. Ich habe den Kontakt abgebrochen, ich bin nach wie vor sehr enttäuscht. Sehen tu ich sie nicht mehr, aber zu dieser Zeit sind sie in meinen Gedanken einfach da. Wie magische Bilder des Schmerzes.

Doch ich kann meinen Kopf nicht kontrollieren, hier wandeln die Schatten der Vergangenheit. Und ich bin der Schattenfänger, aber fange nie alle ein.

Noch ist es sehr kalt draußen, doch die Sonne soll kommen. Als ich dann auf dem Weg zur Arbeit bin, da kitzeln mich die ersten Sonnenstrahlen. Sie treffen nur die linke Hälfte meines Gesichts, da wird mir ganz warm. An die rechte Seite kommen keine Sonnenstrahlen, meine Nase ist im Weg. Alles ist hell erleuchtet, aber rechts von mir sind diese dunklen Flecken. Flecken, die sich mit mir bewegen. Flecken, die still stehen, Flecken, die schnell fahren. Es ist wie damals, als man mit Freunden auf dem Rücken mitten im Gras lag und nach oben geschaut hat. Man hat überlegt, nach was eine Wolke aussieht.

Das klingt idiotisch. Keine Wolke denkt sich, dass sie jetzt eine Waschmaschine oder ein Schwert darstellt. Das ist bei diesen Flecken anders. Sehe ich nach links, dann weiß ich, ob meine Vermutung stimmt, was das wohl ist. Ich bin es, der Baum ist es, der Fahrradfahrer ist schon längst weg. Es sind magische Bilder der Gegenwart auf dem Boden.

Doch ich kann meinen Kopf nicht kontrollieren, hier liegen die Schatten der Welt. Und ich bin der Schattenfänger, aber fange nie alle ein.

Wie gern ich doch alles kontrollieren würde. Eine Freundin, die mit mir alles mitmacht. Ein Chef, der mir dann frei gibt, wenn ich es brauche. Unterstützung von mehr Menschen als meinen besten Freunden – Menschen, die es einfach machen, weil sie wollen, dass es allen gut geht. Mir fehlt Zuneigung, mir fehlt Zärtlichkeit. Ich brauche Umarmungen, Liebkosungen, Küsse. Doch es ist niemand da, der mich umarmen könnte. Nur im Abendlicht kann ich die wirklichen Schönheiten umarmen, die sich niemals für einen wie mich interessieren. Wenn die Sonne tief steht, dann werden die Schatten länger. Und ich stehe hinter der Bushaltestelle. Ist dort ein schönes Mädchen, dann lege ich mich auf den Boden, ich umarme ihren Schatten. Die Menschen verstehen nicht, was ich dort mache, sie schauen mich an als wäre ich verrückt. Aber dieses Gefühl, dieses Unerreichbare so zu erreichen, das ist doch einfach magisch.

Doch ich kann meinen Kopf nicht kontrollieren, hier wandeln die Schatten der Schönheiten. Und ich bin der Schattenfänger, aber fange nie alle ein.

Ein wenig habe ich Angst davor, irgendwann dann doch mal alle zu fangen. Denn was soll ich dann tun? Mein ganzes Leben besteht aus Schatten, aus verzerrten Abbildern der Realität. Dadurch kann ich mich ein wenig wie etwas Besonderes, etwas Magisches fühlen. Es ist mein Lebensinhalt. Mein Lebensziel scheint es zu sein, möglichst viele Schatten zu fangen. In meine Sammlung aufzunehmen. Neue zu erspähen, alte zu pflegen. Morgens bevor ich wach bin, abends an der Bushaltestelle und mitten in der Nacht im Traum. Wenn es keine Schatten mehr geben sollte, was sollte ich dann noch tun. Meine Welt ist verzerrt, aber sie gibt mir Sicherheit.

Ich kann meinen Kopf nicht kontrollieren, es sind immer Schatten da! Und ich bin der Schattenfänger, mein ganzes Leben lang! Ich fange Schatten, das macht man als Schattenfänger.

*„Schattenfänger" wurde geschrieben am 22.03.2021.*

# Der Doppelgänger

Was, wenn ich nicht perfekt bin? Natürlich bin ich das nicht. Aber wenn ich in den Spiegel schaue, da sehe ich mich. Nicht schön, vielleicht manchmal schmerzhaft. Aber das bin ich. Und es ist gut so.

Doch was passiert, wenn ich mich nicht sehen kann? Ich schaue in den Spiegel, aber die Person ist fremd. Das bin nicht ich. Sie sieht vielleicht aus wie ich es tue. Sie bewegt sich synchron mit mir. Wenn ich sie abschätzig anschaue, dann erwidert sie das durch abschätziges Schauen. Eigentlich wirkt es, als wäre ich das. Aber ich finde mich dort nicht wieder.

Noch viel mehr, es ekelt mich an, diese fremde Person zu sehen. Nein, eher ekelt es mich an, mich zu sehen. Mein Verstand weiß, dass ich es bin. Mein Verstand ist es aber auch, der mir sagt, dass ich es nicht bin.

Ich will das einfach nicht sein. Doch was unterscheidet mich von der Person im Spiegel: Lachen tut sie auch nicht, sie hat dasselbe an Kleidung am Körper. Doch eine Sache ist ganz eindeutig: Wenn ich den Oberkörper hochgehe, nicht am Hals, rechts und links davon – da sieht man die Badezimmerarmaturen. Also kann ich es tatsächlich nicht sein, bei mir ist da ein dicker Sack. Ein schwerer Sack. Tonnenschwer. Er drückt mich zu Boden, hält mich tief.

Diese eine Situation hat mich verändert. Ich war so glücklich, ich war so voller Leben. Und jetzt will ich keinen sehen. Mit keinem reden. Und es ist furchtbar. Denn wenn ich keinen sehen will, ist keiner da. Das dachte ich. Aber es stimmt nicht. Da sind meine Gedanken, meine ganz eigenen Geister und Dämonen. Und sie quälen mich. Halten mir vor, was ich falsch gemacht habe.

Vielleicht begreife ich es, wenn ich es höre. Jeden Morgen. Ein jeder Tag beginnt inzwischen so, die Geister begleiten mich, bei der Arbeit, beim Lernen, beim Kontakt haben, und abends bringen sie mich ins Bett. Sie verhindern, dass ich einschlafe. Ich habe nur die eine Situation vor Augen, es ist kein Traum, es ist kein Alptraum. Ein Alptraum ist nach der Nacht vorbei, meiner hält an. Immer. Und ich will das nicht mehr!

Wieso kann ich nicht du sein? Diese Frage stelle ich ihr, der fremden Person im Spiegel. Ich würde gerne tauschen. Trotz der vernachlässigten Kleidung. Trotz der Niedergeschlagenheit im Gesicht, den ungewaschenen Haaren. Noch niedergeschlagener und vernachlässigter kannst du nicht sein, nicht noch mehr als ich. Deine Stirn legt sich in Falten, während ich nachdenke. Zu gern würde ich wissen, woran du jetzt denkst. Was hast du für ein Bild von mir?

Aber die Person vor mir kann nicht sprechen. Sie hat nicht mehr als das Bild. Keinen Ton. Ich kann reden. Was ich sage ergibt keinen Sinn. Ich habe es auch noch nicht verarbeitet, noch will ich es keinem sagen. Was überhaupt? Wie soll man das nur in Worte fassen…

Ich wüsste es nicht. Ich wüsste nicht, was ich denken sollte, was ich in so einer Situation sagen sollte. Ich bin nicht perfekt, aber wenn ich in den Spiegel schaue, dann sehe ich mich. Egal, was mich bisher beschäftigt hat und welche Kratzer mein Ego nun schon alles erhalten hat. Das bin ich. Und das ist gut so.

*„Der Doppelgänger“ wurde geschrieben am 17.01.2021.*

# Dankbarkeit

Danke! Schön, dass du da bist! Ich mag dich! Ich fühle mich wohl bei dir!

Ich höre das gerne. Eigentlich hört das doch jeder gerne, es gibt ein gutes Gefühl und macht einen von einer Sekunde auf die andere glücklich.

Diese Worte sind ein ganz besonderes Geschenk. Dieses Geschenk erreicht das Herz schneller als alles andere. Wirkungsvoll – wohlig und warm wird es vom Herzen aus im ganzen Körper, in jeder kleinen Spitze.

In diesem Jahr wurde wieder viel geschimpft, sich geärgert und einander angeschrien. Das gehört dazu, Jahr für Jahr. Wenn etwas uns gegen den Strich geht, dann verstecken wir uns nicht. Wir sagen Bescheid. Wir rufen unseren Ärger heraus. Wir sind nicht klein zu kriegen, wir sind von niemandem zu besiegen.

Doch kämpfen wir diesen Kampf ganz alleine? Einen Kampf gegen die Ungerechtigkeit? Einen Kampf gegen die Benachteiligung? Das können wir gar nicht. Wir helfen uns. Wir unterstützen uns gegenseitig genauso wie wir uns anbrüllen. Der Mensch ist so. Der Mensch braucht den Menschen mehr als jedes andere Tier auf der Welt uns braucht. Alleine sind wir gar nichts, zusammen stärker.

Danke! Schön, dass du da bist! Ich mag dich! Ich fühle mich wohl bei dir!

Das sagen wir trotzdem fast nie. Ich brauche so viele Leute. Alleine kann ich viel, zusammen schaffe ich alles. Doch wissen diese Leute das auch? Vielleicht. Doch vielleicht auch nicht. Wieso sage ich es nicht einfach? Kann ich es nicht? Eigentlich ist es ganz leicht.

Warum mache ich es also nicht? Warum macht das irgendwie Keiner? Wovor hat man Angst? Dass der andere es nicht verdient? Natürlich verdient er es, er ist immer da und für dich und mich zur Stelle, sobald einmal mit den Fingern geschnippt wird.

Aber was soll er dann von mir denken? Bin ich ein Weichei, wenn ich Gefühle zeige? Doch schreie ich nicht nur die Telefonwarteschleife an. Ich schreie auch echte Menschen an. Teilweise Menschen, die mir auch etwas bedeuten. Ja, manchmal sind sie halt auch Scheiße zu mir – auch wenn ich ganz genau weiß, dass sie nur mein Bestes im Blick haben. Doch damit zeige ich auch Gefühle, Wut, Hass und auch ein wenig verhohlene Angst. Wieso also nicht mal das Gegenteil:

Danke! Schön, dass du da bist! Ich mag dich! Ich fühle mich wohl bei dir!

Der Rat von anderen ist auch mal wichtig, eine neutrale Sicht. Ich kann es immer noch machen, wie ich will. Aber oft ist diese Sicht gut, ja teilweise auch besser. Ich verrenne mich mit Helm und Hammer und hirnrissigen Ideen in dem großen Labyrinth des Lebens. Und während ich den Durchbruch durch eine massive Wand versuche ruft mich jemand – zur Vernunft, zum Ausgang, zur Besserung.

Ich bin fröhlich, wenn ich nur in der Nähe von den Personen bin. Ist das selbstverständlich? Wenn man meinen Körper fragt auf jeden Fall. Ich brauche nichts machen, mir geht es einfach gut. Doch frag dafür nicht mich selbst. Nicht das, was mich ausmacht. Bei dieser Frage ist mein System wieder abgekracht. Denn ich bin glücklich und weiß woran es liegt. An euch. Aber sage ich das? Nö, leider nicht.

Aber mir sagt das ja auch niemals jemand! Wem bin ich wirklich wichtig und wer nutzt mich aus? Das muss auch ich fühlen, gesprochenes Wort gibt es nicht. Ich fühle, jederzeit. Ich fühle, was du denkst. Ich fühle, was du nicht sagen kannst:

Danke! Schön, dass du da bist! Ich mag dich! Ich fühle mich wohl bei dir!

Und das ist ein schönes Gefühl. Es macht mich gleich noch glücklicher als vorher. Doch dieses Geschenk ist mein Gefühl nicht. Denn ich kann mich irren, oh, wie oft kam das schon vor? Wie oft stand ich am Ende dort, einfach nur verletzt? Niemals bei dir, doch wer weiß? Ist mein Detektor da wirklich zuverlässig oder lässt er mich ausgerechnet jetzt im Stich – mein Herz hat Anlass zum Zweifeln.

Doch es soll nicht zweifeln. Und erst recht soll dein Herz nicht zweifeln. Ich will dir ein Geschenk machen. Kein Materielles, sondern eines, was direkt bis mitten ins Herz kommt und dieses erwärmt. Und ich gehe jetzt, zum Ende des Jahres, und hoffentlich auch in nächster Zeit, einfach mit gutem Beispiel voran:

Danke! Schön, dass du da bist! Ich mag dich! Ich fühle mich wohl bei dir!

*„Dankbarkeit" wurde geschrieben am 02.12.2020.*

# Friedenswünsche

Geborgenheit. Das kenne ich nicht. Das einzige Gefühl, was ich wirklich kenne, ist Angst. Jeden Tag, jede Minute, jede Sekunde meines Lebens. Angst vor allem, vor meinem Leben, aber vor allem vor dem Leben meiner Eltern. Ich könnte ohne sie nicht leben.

Die Welt ist bestehend aus Vergänglichkeiten: Das Leben geht schnell und unverhofft, aber es lässt sich Zeit zu kommen. Ich lebe im Krieg! Zumindest sage ich das. Überall sind Panzer, es vergeht keine Stunde ohne einen Schusswechsel und von meiner Familie bin nur noch ich und meine Eltern da, alle anderen sind dem Krieg zum Opfer gefallen. Ich selber musste Menschen erschießen, ich selber musste den Granaten der anderen ausweichen. Ich wollte es nicht. Hätte ich es hingegen nicht gemacht, wäre ich jetzt nicht mehr am Leben. Ich bin neun Jahre alt.

Meine Eltern erzählen manchmal von der Zeit, in der es etwas gab, was ich nicht kenne: Frieden. Ich kann ihn mir allerdings nur zu gut vorstellen. Wie schön muss es sein, ohne Sorgen zu leben...

Ich will das auch einmal dürfen. Muss es nicht jedem hervorragend gehen, der nicht zu jeder Zeit um sein Leben bangen muss? Die Großen sagten mir, das sei kein richtiger Krieg.

Das war mir egal. Ob ein Krieg überhaupt richtig sein könne? Ich denke nicht. Über mir startet der nächste Angriff, ein Panzer schiebt sich durch die Straße. Warum kommt dieser Panzer, warum die Soldaten aus einem Land, welches ich nicht kenne? Was wollen die hier? Der Panzer rollt weiter vor. Ein Junge läuft ihm entgegen. Ich kenne ihn gut. Er ist einer meiner Freunde. Freunde bedeuten viel, wenn alles auf dem Spiel steht.

Der Panzer senkt den Schießer auf ihn. Ich will schreien, aber es geht nicht. Zu trocken ist meine Kehle ohne Wasser. Zu viele Leute sind schon vor mir gestorben. Sinnlos! Doch was bringt das schon???

Der Schuss ertönt. Mein Freund fällt zusammen. Mich packt eine große Wut. Doch ich weiß seit dem ersten Atemzug, dass ich dort nichts machen kann.

Das Leben ist ungerecht. Und der Krieg hier wird wohl nie enden. Dabei denke ich jetzt schon, ich sei durch mehrere Ewigkeiten und Stadien menschlichen Grauens gegangen. Die Steigerung davon gibt es immer. Das habe ich gelernt.

Ich will einmal Frieden, ich möchte einmal ein echtes Zuhause. Meines wird immer wieder zerbombt und die Welt ist untergangenen. Und das jeden Tag. Wenn man auf dieser Welt eine Sache erreichen sollte, dann ist das Frieden.

*„Friedenswünsche" wurde geschrieben am 31.05.2017.*

# Das größte kleine Glück

Durchs Fenster fällt ein verirrter Sonnenstrahl. Nicht einmal direkt, in dieses Fenster scheint nie die Sonne. Aber in das Fenster gegenüber, es spiegelt sich dort – und landet direkt auf meiner Nasenspitze. Es wärmt meine Nase und es wärmt mein Gemüt. Wieder muss ich hier drinnen sitzen, draußen ist der Himmel blau, drinnen sieht man nur den Computerbildschirm. Es ist nur ein kleiner Sonnenstrahl, aber jetzt gerade sorgt er dafür, dass ich glücklich bin.

Aus dem Handy dringt eine Stimme an mein Ohr vor. Wieder eine Sprachnachricht. Wieder menschliche Regung in der Stimme. Hier gibt es ansonsten keine Gespräche, hier gibt es nur Stille. Wie schön da doch eine Sprachnachricht ist. Mein Finger tippt auf „Wiederholen". Es ist nur ein kleines Audio, aber jetzt gerade sorgt es dafür, dass ich glücklich bin.

Die ganze Welt steht auf der Kippe, ein Held muss geboren werden. Ein Held wird geboren, in mir drin, in meinem Kopf. Ich lese hier ein Buch, es ist kalt. Mir läuft ein kleiner Schauer über den Rücken, das Happy End ist aber immer noch ein bisschen besser als meine Stimmung hier. Es ist nur ein Buch, aber jetzt gerade sorgt es dafür, dass ich glücklich bin.

Es war wieder ein sehr anstrengender Tag, gleich falle ich in mein Loch. Doch plötzlich eine Nachricht: „Hey, Zeit und Lust spontan in zwanzig Minuten zu treffen?". Ja klar, das Loch muss warten. Mit Planungen bin ich überfordert, manchmal geht es eben nur spontan. Aber ich freue mich auch darüber sehr. Es ist nur ein Treffen, aber jetzt gerade sorgt es dafür, dass ich glücklich bin.

Wenn ich traurig bin, dann kann ich nicht schlafen. Ich muss an etwas Schönes denken, aber alles scheint so unendlich fern. Doch heute scheint der Mond ganz besonders hell in mein Zimmer. Mehr Mondlicht als Sonnenlicht, mehr Nacht als Tag in meinem eigenen Zimmer. Wie schön der Mond doch aussieht und um ihn herum verteilt die ganzen Sterne, jeder leuchtet für sich. Es ist nur der Nachthimmel, aber jetzt gerade sorgt er dafür, dass ich glücklich bin.

Es klingelt, wer kann das schon sein. Alle Menschen, die mir so unendlich wichtig sind, sie alle sind weit weg. Spontan kommt doch keiner vorbei. Doch da steht einer aus dem Haus, in der Hand ein paar Sudokus. Ich verzweifle an den schwierigen Neunerfolgen immer und immer wieder, doch gibt es eine bessere Möglichkeit, immer wieder neu anzufangen, als japanischen Denksport. Es ist nur ein Sudoku, aber jetzt gerade sorgt es dafür, dass ich glücklich bin.

Der letzte Spieleabend ist schon viele Monate her, ich wünsche mir einen weiteren so sehr. Jetzt läuft das alles nur noch digital. Mal gewinne ich im Quiz, mal eben nicht. Es ist mir egal. Wir verbringen gemeinsam Zeit, darum geht es. Es ist nur eine App, aber jetzt gerade sorgt sie dafür, dass ich glücklich bin.

Richtig glücklich bin ich immer, wenn ich auf der Matte stehe. Richtig traurig bin ich, wenn ich daran denke, wie lange das nun schon wieder her ist. Es ist nicht dasselbe, sich einmal in der Woche an den Computer zu setzen und online sich alleine in der Wohnung zu bewegen. Die anderen sind hunderte von Kilometer entfernt, nur am PC da. Und trotzdem ist es besser als nichts. Es ist nur eine Onlineeinheit, aber jetzt gerade sorgt sie dafür, dass ich glücklich bin.

Ich probiere ständig Neues aus, ich scheitere oft beim Üben. Ich möchte üben, ich möchte es lernen. Aber es ist alles kompliziert und manche Sachen kann man gut, andere brauchen sehr viel Zeit. Aber irgendwann funktionieren auch diese. So gut, dass man ein „Richtig“, ein „Gut gemacht“ bekommt. Es ist nur ein Lob, aber jetzt gerade sorgt es dafür, dass ich glücklich bin.

Es ist nicht wichtig, ob man mich Lachen sieht. Es ist nicht wichtig, ob man mich traurig sieht. Denn ich weiß alleine, wie es mir geht. Aber jeder einzelne kann dazu beitragen, dass es mir besser geht, dass ich glücklicher bin. Durch ganz viele kleine Sachen.

*„Das größte kleine Glück“ wurde geschrieben am 27.04.2021.*

# Besondere Feiertage brauchen besondere Texte!

Das Jahr hat im gregorianischen Kalender 365, beziehungsweise 366 Tage. Doch es wäre illusorisch zu denken, dass jeder Tag innerhalb dieser Zeit gleich viel wert wäre. Viele Tage kommen und gehen einfach und erfahren von uns gar keine große Beachtung.

Aber es gibt dabei im Laufe des Jahres auch immer Ausnahmen. Oft werden diese Ausnahmen durch die Religion und ihren ganz speziellen Festkalender vorgegeben. Ich selbst bin Christ und habe deswegen eine besondere Verbindung zur christlichen Lehre und den christlichen Feiertagen. Deswegen folgen nun auch Texte, die sich speziell zum Lesen in der Osterzeit oder in der Weihnachtszeit eignen. Aber sie vermitteln eben nicht in erster Linie die Stimmung des jeweiligen Festes, sondern sprechen in gewohnter Weise auch viele weitere wichtige Themen für alle Menschen wie beispielsweise das Waldsterben an. So sind sie natürlich auch für alle geeignet und nicht nur für die christlichen Leser.

Ein weiterer besonderer Tag unterscheidet sich auch gar nicht nach den unterschiedlichen Religionen, sondern wird von jedem begangen: Der eigene Geburtstag oder der Geburtstag eines Freundes. Auch ich habe einen Text geschrieben, den man perfekt zum Geburtstag vortragen kann. Herzlichen Glückwunsch an jeden in diesem Sinne und viel Spaß mit diesen drei Texten!

# Der Jubeltag

Es klingt in deinen Ohren, es klingt in deinem Kopf. Das Handy vibriert den ganzen Tag und die Leute schreiben dir, ungefragt.

Ja, heute ist dein Jubeltag. Es ist wieder soweit, du hast ein neues Rekordalter erreicht.

Klar, jederzeit. Jeder Tag, jede Stunde, jede Minute, jeder Augenblick. Doch heute ist es besonders, denn heute ändert sich etwas. Es ändert sich die Zahl – die Jahre, die du uns bereicherst.

Du bereicherst uns mit deiner Freude, deiner Art und deinem Wesen. Du kannst mit uns auch Kummer teilen oder mit uns in deinen Träumen weilen. Wir sind immer für dich da und du für uns genauso zurück – welch großes Glück!

Mach dir keine Sorgen wegen morgen. Morgen kommt dann, heute kommt es auf dich an.

Geschenke erwarten dich, Gesänge und sehr viel Liebe. Und du lebst und lebst und etwas Besseres kann es für uns nicht geben. Weswegen wir an Tagen wie heute natürlich auch mal etwas mehr ausgeben.

Aber das größte aller Geschenke ist die Liebe, die Zuneigung – und dass wir bei dir sein dürfen an diesem besonderen Tag.

Alles Gute zu deinem Geburtstag und bleib bitte auf ewig genauso, wie du jetzt bist!

*„Der Jubeltag“ wurde geschrieben am 25.09.2020.*

# Ein Hase hoppelt im Wäldchen

Huhu, hier bin ich. Hier unten, ganz unten. Siehst du mich denn nicht? Ja genau, unter dem grünen Blätterwerk. Ich verstecke mich. Hier in unserem kleinen Wäldchen, wo doch eigentlich nie etwas passiert.

Doch es ist noch nicht lange her, vielleicht ein oder zwei Tage, da war ich hier spazieren. Und da lag etwas auf dem Boden, nicht richtig gelb, nicht richtig orange, nicht richtig grün. Da denkt man sich ja nichts bei, schließlich gibt es so viel im Wald. Es gibt Leben, viele Tierchen, noch mehr Bäume. Und die Bäume haben Blätter, irgendwann fallen sie herunter und dann liegen sie auf dem Boden herum.

Aber Stopp: Blätter fallen im Herbst. Und wir haben April. Und April ist nicht Herbst. Ich habe es aufgehoben, es fühlte sich irgendwie glatt an, ein wenig rutschig, ein wenig glitschig. Das ist kein Blatt.

Es ist eine Eierschale. Mitten im Wald. In unserem kleinen Wäldchen, direkt hinter dem Haus. Ich hob sie auf, brachte sie zum Komposthaufen. Und ich dachte mir nichts dabei. Nur zwei Stunden später, ich kam gerade vom Einkaufen zurück und nahm die Abkürzung durch den Wald, da lagen schon wieder Eierschalen. Ich bin ein wenig verwirrt. Ich brachte auch diese Eierschalen zum Komposthaufen. Die Schale von heute Morgen lag da noch, sie kann es also nicht wieder gewesen sein. Was nicht mehr da lag sah ich erst, als ich wieder im Wald war – bei meinen stehengelassenen Einkäufen. Alles war an Ort und Stelle, doch die Karotte fehlte.

Ist es die Möglichkeit? Kann das wirklich sein, was ich mir dabei dachte? Dass der Hase hier ist, bei uns im Wäldchen. Dass der Osterhase hier ist? Wer weiß. Eigentlich dachte ich, dass es den Osterhasen nicht gibt. Aber so viele Indizien, dem muss man doch einfach nachgehen!

Und so liege ich jetzt schon seit gestern Vormittag hier im Gras. Ich liege hier und warte. Und mache nichts anderes. Und jetzt kommt ihr – aber seid bitte nicht so laut! Ihr verjagt ja so alles.

Den Hasen? Nein, den habe ich noch nicht gesehen. Aber schau doch mal da unten: Dort bewegt sich das Blatt auf dem Boden. Ein echtes Blatt, keine Eierschale. Da drunter befindet sich eine einzige Ameise. Eine einzige trägt das Blatt. Das ist doch faszinierend.

In der letzten Nacht hättet ihr dabei sein sollen: Ein Wildschwein kam vorbei, es knabberte ganz in der Nähe von mir an einem Strauch. Ein paar Stunden später hörte ich dann noch einen ganz komischen Laut, ganz tief. Wenn ihr mal durch die Büsche schaut, da drüben, wo ich hinzeige: Mitten auf der Lichtung, dort stand ein mächtiger Hirsch. Imposant, das kann ich euch wohl sagen!

Am Tag kommen diese tollen Tiere nicht heraus. Und erst recht nicht, wenn ihr so einen Lärm macht. Seid doch einfach mal still! Wenn ihr dann mal ruhig seid, dann spitzt doch einfach mal die Ohren: Ein Specht haut seinen Schnabel gegen den Baum, das muss ganz in der Nähe sein. Und in seinem Takt zwitschern die Vögel, ganz verschiedene sind schon wieder da oder gar nicht weg gewesen.

Einen Hasen habe ich noch nicht gesehen. Und auch keine weiteren Eierschalen. Aber da drüben, Richtung Stadt, da liegt doch etwas, was da nicht hingehört. Vielleicht könnt ihr euch mal nützlich machen, und mir es holen. Bei mir raschelt es bei jeder Bewegung immer so sehr im Schritt... Aha. Eine Zigarettenkippe und eine alte Zeitung. Wieso muss das im Wald liegen, dafür gibt es Mülleimer! Wieso sollte der Hase wiederkommen, wenn wir den Wald verschmutzen. Und wenn wir so laut sind, meine Güte! Vielleicht ist es besser, wenn ihr wieder geht.

Eigentlich feiern wir an Ostern ja nicht den Osterhasen mit seinen Eiern. Aber dann doch irgendwie. Denn Jesus starb für alle Sünden der Menschen, sein Vater erschuf alles auf dieser Welt. Er erschuf den Wald und die Wiese, und Phantasie ist keine Sünde. Nachdenken kann man im Wald, wir müssen ihn erhalten. Denn ansonsten starb Jesus für unsere Sünden, und der Wald stirbt an unseren heutigen Sünden. Doch auferstehen ist so eine Sache, so ein Baum wächst hunderte von Jahre und ist in wenigen Sekunden gefällt. Ihn in der gleichen Geschwindigkeit nachwachsen zu lassen, dafür braucht man schon die Zauberkräfte aus „Asterix"-Comics. Und die habe ich nicht. Ich liege hier nur unten, mit Gras bedeckt und beobachte die Schönheit der Schöpfung. Besonders kann ich mich über sie tatsächlich in unserem Wäldchen freuen.

Jetzt habe ich mich in meinen Gedanken verloren. Auch dafür ist der Wald da. Aber fast hätte ich es deswegen gar nicht mitbekommen. Kein Körbchen, kein Pinsel, aber dennoch wunderschön. Da hoppelt ein Häschen in unserem Wäldchen.

*„Ein Hase hoppelt im Wäldchen" wurde geschrieben am 28.03.2021.*

# Beginn der Nacht

Im Winter geht es so schnell, wie das Schwarze kommt, sich niedersenkt über die Welt. Richtig blau ist der Himmel nicht, diesig andauernd die Sicht. Von lila zu schwarz, wie bezeichnend es doch ist. Im Sommer kann man schlafen, wenn es dunkel wird, im Winter ist es zu früh.

Zu früh, um sein Bewusstsein von den Aufgaben zu entbinden und sich in der schönen Traumwelt einzufinden. Eisig kalt ist es draußen in ganz Europa – in Prag, Berlin und Wien, und so kuschelt man sich lieber im Haus vor den gemütlichen Kamin. Ein Keks, Stille und Dunkelheit draußen, die Glöckchen klingen in Nachbars Garten, Knistern und Knacken kommt aus dem Feuer. Wie besinnlich es doch ist.

Und so ist es jeden Tag. Es ist doch die schönste Zeit. In der Stadt ist hektisches Treiben, alle müssen noch schnell Weihnachtskarten schreiben. Doch hier kommt man zur Ruhe, das Jahr ist vorbei und ein neues steht vor der Tür.

Und die Gedanken beginnen zu kreisen, jedes Mal, wenn die Dunkelheit hereinbricht. Über das, was einen bewegt, über das, was wichtig ist. Wer hat einen Platz im eigenen Herzen verdient, worüber kann man besonders froh sein? Was hat das Jahr gebracht, welche Versprechen gehalten und in welchen Punkten enttäuscht – was aus einem gemacht? Und wie soll das nächste Jahr werden?

Wünsche gehören zur Weihnachtszeit. Doch sind es keine Konsolen oder Musik, und schon lange erfreut sich an diesem Fest nicht nur die Christenheit. Es ist für alle da, zum Innehalten und dem Kopf die Zeit geben, die Entwicklungen des Jahres zu schalten und zu verwalten.

Es ist stockfinster, man nimmt noch einen weiteren Keks. Dieses Jahr war nicht perfekt, kein einziges Jahr ist perfekt. Auch wenn viel geschafft wurde, so wurden doch noch lange nicht alle Ziele erreicht. Und am Ende denkt man auch darüber nach, was für das nächste Jahr an Zielen übrigbleibt.

Eine ganze Menge, denn es sind immer viel zu viele. Doch reflektiert man selbst im Leuchten der klaren Sterne, so macht man immer wieder neue Ziele, und das auch noch sehr gerne. Denn das Leben bewegt sich, die Welt steht niemals still. Und unsere Prioritäten haben sich verschoben, das ganze Jahr, so wie es immer war.

Und so sitzt man und denkt und weit am Fenster zu sehen, hinter der dunklen Wiese im Tau, da macht sich die Nacht daran, für heute zu gehen. Morgen wird sie wiederkommen und man wird wieder hier sitzen, am Kamin, in der Wärme der Kälte.

Warum macht man dies nur zum Wechsel des Jahres? Es liegt nicht nur an der Zeit, die einen stets vorantreibt. Denn Zeit kann man sich nehmen, doch die Tage und Nächte kommen einfach und gehen. Doch wenn man die Nacht braucht, um zu denken, und sich nicht andauernd von den Dingen des Alltags lässt ablenken – dann braucht man auch den Winter. Denn im Sommer kann man schlafen, wenn die Nacht hereinbricht, es ist spät genug. Im Winter sind diese Gedanken für den wirklichen Beginn der Nacht nur ein Aufschub.

*„Beginn der Nacht" wurde geschrieben am 22.11.2020.*

# Bunter Themen-Mix

Es muss nicht immer um die Liebe gehen, es muss nicht immer um den Tod gehen. In diesem Kapitel wird man nun den größtmöglichen Themenmix mitbekommen – von Texten, die einen bestimmt eher verwirrt zurücklassen, über Texte, die für mich eine sehr persönliche Bedeutung haben, bis hin zu Texten, in denen ich mich mit scheinbaren Selbstverständlichkeiten wie der Zeit oder der deutschen Sprache auseinandersetze.

In diesem Kapitel wird sicherlich jeder für sich selbst passende Texte finden und sicherlich auch noch über ein paar Sachen im Anschluss intensiver nachdenken können. Mich haben die geschilderten Situationen mal über Jahre beschäftigt, mal war es ein kurzer Moment, der als Auslöser für das Schreiben des Textes fungierte.

Was aber ganz sicher ist: Es gibt weniger als bei allen anderen Texten beim bunten Themen-Mix keine Verbindung zwischen den Texten, jeder Text ist oft etwas komplett anderes und so kann man sich mit jeder Seite, die man umblättert, wieder neu überraschen lassen. Und das mit insgesamt 13 grundverschiedenen Texten…

# Wo ist Nirgendwo?

Oh man, wie peinlich ist das. Und wieso schaust du mich so an? Bitte guck weg! Ich sehe es ja auch, der Depp heute bin ich. Doch ich will es nicht sehen, einmal schnell weg, hin nach Nirgendwo.

Doch irgendwo muss Nirgendwo sein, ich mache mich auf die Suche, wie immer ganz allein.

Ich schaue auf den Boden, ich will darin versinken. Im Selbstmitleid über meine Peinlichkeit ertrinken. Wenn ich hier anfange zu graben, wo komme ich dann hin? Asien, Südamerika oder Australien... Eine ganz andere Kultur, ein anderes Leben. Und ich wäre der Elefant im Porzellanladen. Ich wäre auch der Andere. Derjenige, der fremd aussieht. Hoffen kann ich dann nur, dass man mich so wie ich bin akzeptiert. Mehr als hier, denn hier werde ich ausgelacht. Und das nur, weil ich ein oder zwei Fehler habe gemacht.
Ein Loch im Boden ist also nicht die Lösung. Aber irgendwo muss Nirgendwo sein.

Also renne ich einfach los, ganz ohne Ziel. Das Finden von Nirgendwo – das ist doch nicht viel. Doch vor mir ist vorne. Doch neben mir ist links. Neben mir ist rechts. Und nach hinten schaue ich gar nicht erst. Ein Schilderwald ist vor mir, für Fahrradfahrer und Autofahrer, Bundesstraßen oder Autobahn. Da geht es nach München, dort nach Berlin und dort nach Köln. Eins jedoch fehlt mir: Irgendwo muss doch auch Nirgendwo sein.

Wer weiß es? Und wer hört mir zu, ich will immer noch einfach nur weg. Hin dort, wo keiner mich finden kann. Ich frage mich einfach durch, die dünne Frau und den alten Mann. „Wo ist denn Nirgendwo?“ Doch die einzige Antwort, die ich bekommen habe, ist „Irgendwo“. Irgendwo ist Nirgendwo.

Doch je länger ich suche, desto schneller ist die Wut weg. Die Wut auf alles und jeden, auf das Gelächter und den Zank. Es war sehr peinlich und wenn ich irgendwo im Nirgendwo hätte sein können – ich hätte es genommen, One-Way ohne Rückzug. Doch irgendwie war es doch auch lustig, ich hätte wahrscheinlich auch gelacht. Doch nicht über mich. Frische Luft und die eigenen Gedanken, egal wo man ist, man kann sie aufbauen, die Grenzbäume und Schranken.

Schranken zur Realität, Versinken im Gedankenstrom. Irgendwann geht es einem wieder gut und am Ende führen alle Wege nach Rom. Wahrscheinlich ist dieses Nirgendwo überall – wenn man einfach für sich allein ist, als ganz kleines Element im riesigen All. Und geographisch haben die Menschen vielleicht einfach recht: Irgendwo ist Nirgendwo!

*„Wo ist Nirgendwo?" wurde geschrieben am 20.01.2020.*

# Rassismus

Jeder Mensch hat das Recht auf Leben, so steht es im Gesetz.

Lasst die Leute rein und setzt euch durch, was andre sagen ist egal. Wir können nicht nur DAX-en, erst recht nicht in Sachsen. Wenn die Ungarn immer wummern und Rumänen wie Kroaten ganz Europa verraten.

Jeder Mensch hat das Recht auf Leben, so steht es im Gesetz.

Einigt euch und kloppt euch nicht, viel zu viele ertrinken in der Gischt. Wenn man nur redet und nichts macht, wird es nur immer wieder Tag und Nacht und das, ohne dass etwas geschieht, bis auf mein trauriges Lied.

Jeder Mensch hat das Recht auf Leben, so steht es im Gesetz.

In Deutschland wird leider nicht lang gefackelt, um das Flüchtlingsheim abzufackeln. Ist das unsere Willkommenskultur, wurden wir so empfangen (?), nehmt euch ein Beispiel an den vielen Helfern am Bahnhof, die sich wirklich für Menschen einsetzen: Aber warum sollte man, denn das ist schwieriger, wenn man es kann, als wie wir es machen.

Jeder Mensch hat das Recht auf Leben, so steht es im Gesetz.

In Europa war ein großer Krieg und alle sind geflohen, und wie wurden wir empfangen von anderen Europäern, wir, die dieses Gräuel begannen, wir konnten bei ihnen Weihnachten feiern mit großen Tannen. Viele haben da noch nicht gelebt, die jetzt leben, aber nun ist ein großer Krieg in Afrika! Jetzt müssen wir uns fragen: Sollen sie nicht nur von Afrikanern aufgenommen werden, aber ich sage NEIN! Dies hat einen klaren Grund:

Jeder Mensch hat das Recht auf Leben, so steht es im Gesetz.

Und das gilt auch für uns, denn bei uns ist es sicher, aber wir wollen ja unter uns bleiben. Wir sollen die guten Deutschen sein, aber ich sage euch, die guten Deutschen sind wir in den letzten 80 Jahren nur kurzzeitig in

Griechenland gewesen. Das sollten einige von uns, vor allem die Nazis, mal nachlesen:

Jeder Mensch hat das Recht auf Leben, so steht es im Gesetz.

Und zwar auch in dem unsrigen, das muss ich jetzt mal reinbringen. Und auch in dem der ganzen Europäischen Union, doch wie viele antike Geschichten des Orion leiten uns heute, diese Leute zu verstoßen, sie zu behandeln, als wären sie weniger wert als Dieter Bohlen, oder als wären sie ihm zumindest auf den Sohlen. Steht auf für eure Rechte, gibt den Nazis den rechten Haken, die Neuen könnten demnächst euren Garten haken.

Jeder Mensch hat das Recht auf Leben, so steht es im Gesetz.

Zeigt alle Solidarität, und das überall, in Europa, der Welt und auch im Weltall! Aber schon das erste, in Europa, geht schief, weil die Politik den Konflikt gnadenlos verschlief. Was in Europa für ein Chaos ist! Faymann streitet mit Orban, Merkel als Mutti für den europäischen Schenkel, Tsipras wehrt sich dagegen, dass das Land in den Knast muss. Doch ganz Europa hat doch eine, wenn auch falsche, Meinung: „Wofür brauchen wir den Scheiß? Flüchtlinge sind ja echt nicht nice!“ Doch eigentlich sollte auch hier folgendes gelten:

Jeder Mensch hat das Recht auf Leben, so steht es im Gesetz.

Fangen wir an, mit keiner bürokratischen Einigung, sondern mit Aufnahme der Leute in großem Schwung! Denn wenn wir nur über Probleme mit Schleppern reden, denn bringt das so viel wie das Suchen nach dem Garten von Eden. Denn sie schleppen und die Politiker sabbern, und die Flüchtlinge werden mit Pfefferspray und ein paar Schuss aus der Büchse empfangen. Gibt ihnen stattdessen doch wenigstens was zu essen, vielleicht auch aus der Dosenbüchse. Aber lasst sie kommen, denn wir sind sicher und sollen uns nicht verhalten wie Memmen!

Jeder Mensch hat das Recht auf Leben, so steht es im Gesetz.

Und haltet euch daran, das sagt auch Kofi Annan; auch ich würde den Politikern gerne nur zuschreien, haltet euch an das Gesetz, auch wenn es uns oft auf die Eier geht. Denn wie viel Menschenwürde hat man, wenn statt 80 gleich 200 Leute zusammenwohnen, da gibt es am Abend nur Bohnen, da fragt man sich schon nach dem Lohnen, aber bei sich werden sie abgeschossen mit Drohnen, die zwar nicht aus Deutschland stammen, weil unsre stetig beim Spannen zerspringen und kaputt gehen. Das ist zwar ein Friedensbeitrag, allerdings nicht das, was wir stark machen sollten.

Jeder Mensch hat das Recht auf Leben, so steht es im Gesetz.

Also kümmert euch drum, große EU, sonst können wir euch nicht brauchen, dann werden wir dich in die Luft blasen wie den Rauch der Friedenspfeife. Aber welcher Frieden, fangt an als Nächstenliebenden den Leuten eine sichere Heimat zu geben, denn auch im Himmel auf Wolke 7 wollen sie schweben. Nehmt sie auf, denn immer noch, wenn auch heute wohl das letzte Mal, ist es so:

JEDER MENSCH HAT DAS RECHT AUF LEBEN, SO STEHT ES IM GESETZ!!!

*„Rassismus“ wurde geschrieben am 29.09.2015.*

*Dies ist einer der wenigen Texte, in welchem explizit Personen genannt werden, die zum Zeitpunkt des Verfassens ein spezielles Amt ausführten. Auch wenn diese Personen ihr Amt zum Teil nicht mehr bekleiden braucht es weiterhin eine humane und menschenfreundliche Ansicht, in ganz Europa und auch in Deutschland! Deswegen wurde sich bewusst dafür entschieden, diesen Text trotz seines Alters Teil des Buches werden zu lassen.*

# Verklärung

O holde Jungfrau, wie schön du doch bist! Lass mich dein werden auf lange Zeit, lass uns eins sein für die Ewigkeit.

Schnulzig, aber möglicherweise sagte er es: Der Minnesänger, der sie anbetete. Bekommen hat er sie nicht. Denn das Objekt der Begierde war das Schönste weit und breit, das schöne Burgfräulein. Sie war auf der Burg und die Menschen sahen sie an, sie sahen sie an wie eine Göttin auf Erden, jeder Ritter war froh, wenn er gewann. Er gewann nicht nur einen Preis, er gewann eine Berührung mit ihr. Und der arme Minnesänger singt, er schwärmt, er ist chancenlos. Aber er ist glücklich, denn sie hört es.

Ach, muss das eine schöne Zeit gewesen sein. Wie gern wäre ich doch dabei!

Es stinkt, man ist das eklig. Schon wieder kommt der Karren, wie viele sind es schon – zwanzig, dreißig? Nein, heute sind es fünfzig. Und meine Mutter kommt jetzt dazu, die Pest ist da. Und bald ist sie immer noch da, aber von uns keiner. Quietsch! Verdammte Ratten, wohin man tritt. Und auch die Hälfte der Ratten ist tot, von uns schon mehr als die Hälfte. Naja, die paar Jahre eher tot... Wer weiß, wenn ich dreißig Jahre alt werden sollte, das wäre wunderbar – oder auch nicht. Denn was soll ich essen, was soll ich trinken, wo soll ich hinscheißen...

Ach, es ist doch alles scheiße hier. Lass die Zeit vorbeigehen, so schnell es geht.

O Captain, mein Captain! Du hast es geschafft, wir sind befreit von aller Ungerechtigkeit.

Vietnam, Afghanistan oder der Irak – wen interessiert das schon? Die Amerikaner sterben gegen den Landesbruder. Aber natürlich für die gute Sache. Denn nie starben mehr als beim aufopferungsvollen Kampf gegen die Sklaverei. Kein Afrikaner ist nichts wert, die Praktiken der Südstaaten dagegen schon. Sie beuten Menschen aus, sie behandeln sie wie Dreck. Gut, dass das vorbei ist. Gut, dass Amerika nicht zerbrochen ist und das Gute über das Böse siegte. Das ist Amerika und von jetzt an ist jeder Mensch gleich, die Sklaven sind befreit.

Ach, muss das eine schöne Zeit gewesen sein. Wie gern wäre ich doch dabei!

Das Leben wurde riskiert, der Traum zu leben probiert. Und man hätte es doch fast geschafft, man war schon im Norden. Die Moral. Ja, die Moral der Nordstaatler ist es, die mich wütend macht! Er war ein guter Mann, nun ist sein Rückzug dran. Vor wenigen Jahren war ich noch versklavt, versklavt im Norden des Landes und für die Menschen war es okay. Doch nun ist das vorbei, doch zu welchem Preis. Was müssen wir geben? Nur unsere Ehre. Er ist wieder verschleppt worden, in den Süden. Stört es jemanden? Interessiert es hier irgendwen, dass es uns nicht besser geht? Nein, wir sind egal. Was zählt, das ist die Moral.

Ach, es ist doch alles scheiße hier. Lass die Zeit vorbeigehen, so schnell es geht.

Die Geschäfte sind auf und er kauft. Er kauft Klamotten, er kauft Essen und es ist da. Wie toll es doch ist in den goldenen Zwanzigern. Die Menschen gehen aus, sie feiern und tanzen, sie singen und swingen. Das ist ein Lebensgefühl, wie kann man das verwehren. Wenn ein Mensch nicht glücklich ist, so ist ihm auch nicht mehr zu helfen, denn eigentlich kann jeder glücklich sein. Es gibt Kinos, es gibt Theater und überall wird das Leben gezeigt, die Stadt wächst und jeder liebt den anderen.

Ach, muss das eine schöne Zeit gewesen sein. Wie gern wäre ich doch dabei!

Verraten? In den Rücken gefallen? Was soll es bringen. Ich arbeite nun für den Feind. Weil ich es muss, weil die Regierung es will. Wie kann man nur fröhlich sein? Klar kann ich mir mehr kaufen als vor ein paar Jahren, was soll es mir aber bringen, wenn ich nicht einmal ein Dach habe. Ein Dach über meinem Kopf, was den Regen abhält. Den Regen, der immer fällt seit er nicht mehr nach Hause kam. Er ist tot und ich bin es auch. Und keiner will darüber reden, jeder feiert irgendwas. Ich weiß nicht was, ich weiß nicht, was es Schönes geben soll. Ich werde nie wieder froh sein, denn ohne ihn zu leben lohnt sich nicht. Das zumindest weiß ich, und ich bin einsam und verzweifelt.

Ach, es ist doch alles scheiße hier. Lass die Zeit vorbeigehen, so schnell es geht.

Wie schön es doch war, als man unbeschwert war. Keine Termine, wenig Druck. Und dann die Freunde, die Zeit, die man hatte. Ein doofer Spruch, heute wird darüber gelacht. Und wir reden darüber, was wir hatten. Wie viel Spaß und welche Freude, wie viel Energie und welchen Quatsch. Die Streiche, die man dem Lehrer gespielt hat, die Versprecher, die belacht wurden und diese eine komische Situation in der siebten Klasse, an die sich noch jeder erinnert.

Lass den Abend nie zu Ende gehen, denn die Zeit lebt immer weiter, sie war doch so schön.

Ja, morgens war fast keiner wach. Ja, manchmal war ich auch Opfer der Späße, doch meistens nicht. Ja, die Arbeit war nervig, das Schönste die Pause. Ja, gelesen wurde nicht wirklich, gerechnet nie vernünftig. Ja, es wurde getrickst. Ja, viele haben es gehasst. Doch betrachtet man es etwas später, mit ein wenig Abstand und von weiter weg – was sieht man da? Man sieht das Schöne, das Verklärte, und auch wenn es nicht immer die Wahrheit war, das ist doch wunderbar.

*„Verklärung" wurde geschrieben am 21.06.2020.*

# Auf der Reise

Ich habe zwei Taschen in der Hand, einen Rucksack auf dem Rücken. Um mich herum laufen Leute, sie kommen absolut nicht zur Ruhe. Überall hallt es aus den Lautsprechern, viele undeutliche Töne vermischen sich miteinander. Ich schaue nach oben, der Sekundenzeiger wandert über jede der langweiligen schwarz-weißen Uhren. Jetzt ist er oben angekommen, er verharrt. Und während um mich alle Leute rennen, während sich selbst der Minutenzeiger stockend bewegt – da steht dieser Zeiger einfach still. Und ich schaue ihn an und bin fasziniert, diese ganz kurze Zeit. Denn alle Menschen müssen schnell weiter, und auch der Sekundenzeiger muss in einer Minute wieder an der gleichen Stelle sein. Plötzlich ist der Ton aus dem Lautsprecher ganz nah: „Zurücktreten bitte!".

Und so trete ich einen Schritt zurück, betrachte alles von weiter weg. Ich stehe hier, bin ganz ruhig. Ich liebe den Ort hier, ich bin hier zu Hause. Und doch stehe ich hier mit gepackten Koffern und will eigentlich so schnell weg wie es geht von hier. Ich bin auf der Reise.

Ich will in den Zug hereinstürmen, doch vorher noch die Leute aussteigen lassen. Die Leute, die dort hinwollen, wo ich herkomme. Doch werden sie hier genauso glücklich, wie ich es stets war? Das kann ich nicht wissen. Und ich weiß nicht genau, wohin sie ihre Reise führt. Vielleicht bleiben sie hier nur fünf Minuten, vielleicht ist es eine Heimkehr fürs Leben. Vielleicht verpassen sie die Chance, wie geplant direkt weiterzufahren, vielleicht sind das die Personen, weswegen vor dem Bahnhof so viele Taxen stehen? Ich weiß es nicht. Ich gehe nun erstmal selbst in meine Fahrgelegenheit. Niemals sitzt hier ein Mann im Anzug neben einem coolen Typ mit Rasterlocken. Das Mädchen mit dem Buch kuschelt sich in den Sitz, der Jugendliche bleibt direkt an der Tür stehen. Auch ich habe keinen Sitzplatz reserviert.

Doch was bringt es auch schon, einen Platz zu reservieren im Leben? Am Ende läuft es doch immer anders. Man kann sich stets überlegen, was man machen will, man kann sich die besten Pläne schmieden. Aber was passiert, wenn der Anschlusszug nicht kommt? Was passiert, wenn sich der Zug teilt und man im falschen Abteil sitzt? Dann ist man in einer neuen Situation, man muss selbst zurechtkommen. Wie so oft im Leben ist man auf sich ganz allein gestellt – es war immer so, es wird immer so sein. Ich bin auf der Reise.

Im Ruhewagen kreischt ein Baby, auf dem Klo stöhnt ein alter Mann. Ich habe Musik auf den Ohren und starre aus dem Fenster. Gerade noch war alles flach, man konnte sogar ein wenig Wasser sehen. Inzwischen kann man nicht mehr so weit sehen, viele Berge türmen sich vor mir auf. Ich schaue nach vorne: 220 Kilometer pro Stunde.

Das Leben bewegt sich immer viel zu schnell. Noch gerade eben habe ich Sicherheit gespürt, noch gerade eben stand ich mit beiden Füßen fest auf dem Boden verankert. Und jetzt ist das alles so weggerauscht, der Boden fliegt unter meinen Füßen und ich habe überhaupt keine Ahnung, wann ich wieder fest und sicher stehe. Ich bin auf der Reise.

Wenn ich unterwegs bin, dann habe ich kein Zeitgefühl. Stunden vergehen unglaublich schnell, ein Lied geht, ein Lied kommt. Einmal in der Stunde halten wir, ein paar Leute steigen aus, ein paar andere steigen ein. Und ich denke an die Personen, die mal wie Freunde waren und mit denen mir jetzt sogar der Smalltalk Probleme bereitet. Und genauso denke ich an die Personen, die ich noch nicht lange kenne, die ich aber sofort ins Herz geschlossen habe. Menschen kommen und gehen. Auch bei mir. Weit hinten sehe ich schon den Kontrolleur kommen. Er kommt immer, wenn ich unterwegs bin. Die gesamte Reise über stehen dort so viele Leute, die mich einengen und kontrollieren wollen. Leute, die mir vorschreiben wollen, wann ich in welche Richtung abbiegen soll, wann ich meine Reise mit Geschwindigkeit antreten soll und wann einen Gang zurückschalten. Aber ich habe ein Ticket. Ich darf auf diesem Zug sein, ich darf auf dieser Welt sein. Und ich darf ich sein, wenn ich damit keinen belästige. Ich bin auf der Reise.

Irgendwann wird diese Reise zu Ende sein. Ich werde nicht nur meine zwei Taschen nehmen, mir nicht nur meinen Rucksack aufsetzen, der mit jeder falschen Entscheidung nur noch schwerer geworden ist. Ich werde alles nehmen und aussteigen. Aber erst, wenn die Hügel zu hoch werden. Aber erst, wenn die Kontrolleure überhandnehmen. Und auch wenn ich noch nicht weiß, wohin mich meine Reise führt. Und auch wenn ich noch nicht weiß, wie oft noch Personen einsteigen und aussteigen. Ich weiß genau, dass ich diese Reise niemals verlassen werde – sie wird mich immer weiter antreiben, mein Leben lang.

*„Auf der Reise“ wurde geschrieben am 22.05.2021.*

# Die Sache mit der Zeit

Schon wieder ist ein Monat rum, und der Februar ist sogar besonders kurz. Und auch, wenn noch nicht Frühling ist, irgendwie ist das Jahr doch schon wieder gefühlt halb rum.

Ein Monat, ein Jahr. Frühling, Sommer, Herbst und Winter. Jedes Jahr hat 365 Tage, außer eines alle vier Jahre und dann doch wieder zur Jahrhundertwende. Eine Jahreszeit hat immer drei Monate. Und Monate sind die Zeiten im Jahr. Mal 28 Tage, dann aber auch wieder 29. Mal 30 Tage, dann aber auch wieder 31.

Und einmal im Jahr wird uns eine Stunde genommen. Die kommt dann wieder, aber erst am Ende des Jahres. Das Ende, bei dem noch über 60 Tage übrig sind. Wie kann man da schon sagen, dass es das Ende ist?

Das ist doch unglaublich interessant. Und darum umso verwunderlicher, dass es für uns alle ganz normal ist. Zeit läuft nur in eine Richtung, wie soll sie uns also stören. Im Film sehnen wir uns nach der guten alten Zeit, wiederkommen wird sie so nie. Zeit geht immer voran, ein Blick zurück lohnt sich also nicht.

Und doch muss man zurückschauen, um zu sehen, warum wir jetzt im Jahr 2021 leben können. Denn seit wie viel Millionen Jahren gibt es die Erde? Die Menschen kamen später, sind aber schon eher da gewesen als vor gut zweitausend Jahren. Die Pyramiden in Ägypten sind über dreitausend Jahre alt, die römische Republik ging mit Cäsars Ermordung ins Kaiserreich über – im Jahr 44 vor Christus Geburt. Und da sind wir schon beim Thema: Wir leben in einem religiösen Kalender.

Kalender sind dafür da, Zeit zu ordnen. Zeit, die schon von uns geordnet wurde, in Sekunden, Minuten, Stunden, Tage, Monate, Jahre... Und beinahe überall auf der Welt kann man sagen, wir haben jetzt 2021. Und man wird damit absolut verstanden. 2021 nach der angeblichen Geburt des Heilbringers, der in jeder anderen Weltreligion neben dem Christentum maximal eine untergeordnete Rolle einnimmt.

Und in unser aller Leben inzwischen wohl auch. Denn auch hier in Deutschland kennen wir den christlichen Festkalender nur, wenn wir uns die Urlaubstage für lange Wochenenden zurechtlegen. So irreführend sich eine Aussage wie ein „langes Wochenende“ auch anhören mag. Und auch wenn es vielleicht sogar leichter zu merken sein müsste: Oft weiß man doch konfessionsunabhängig eher, wann der Ramadan beginnt und endet als die christliche Fastenzeit. Zeit der Enthaltung.

Und doch läuft der muslimische Kalender anders als der christliche. Und der jüdische läuft anders als der chinesische. Deshalb ist es ein Zeichen der Globalisierung – und auch des Imperialismus – dass wir wohl überall auch in erster Linie im Jahr 2021 leben. Und wenn nicht 2021 irgendwo steht, dann eben MMXXI, was natürlich genau dasselbe ist.

Und Zeit vergeht, sie fließt dahin, mal unglaublich schnell, mal quälend langsam. Und vielleicht ist es in einer globalisierten Welt, in einer mehrheitlich demokratischen Welt, am besten, einheitlich irgendwie die Zeit zu zählen. Nicht nach dem Beginn einer Herrschaft. Veraltet mag der ein oder andere sagen, der es von den Römern oder den chinesischen Dynastien so kennt. Doch auch im letzten Jahrhundert gab es das noch in Europa, in Italien unter Mussolini oder Spanien unter Franco. Nicht nach dem Stand der Sonne. Den kann man einfach in der Sahara häufiger vernünftig ablesen als im bewölkten und verregneten Deutschland.

Aber es ist nicht überall auf der Welt die gleiche Uhrzeit. Trotzdem haben wir im Grunde ja dasselbe Jahr. Doch so sieht man, dass unsere Natur, unsere Welt, neben dem Christentum deutlich neutraler auch noch was zu melden hat. Denn das erste Feuerwerk im neuen Jahr gibt es in Australien, sie sind schneller im neuen Jahr als wir. Und das in der gleichen Sekunde, die wir auch haben, nur ein paar Stunden später. Wie kann das sein?

In Australien ist es immer warm. Aber wenn der Schnee in der richtigen Jahreszeit fällt, dann im Sommer. Und besonders warm ist es im Winter. Bei uns ist das ganz anders, das macht die Neigung der Welt. Die Menschen waren aber nicht geneigt, die Jahreszeiten mit dem entsprechenden Wetter weltweit zu verknüpfen. Aber die Tatsache, dass es in der Nacht dunkel ist und am Tag hell – das ist überall gleich und deswegen haben wir zur gleichen Zeit nicht die gleiche Uhrzeit.

Manchmal ist die Zeit aber auch für alle gleich. Wenn der Startschuss im Leichtathletik-Wettkampf ertönt, dann rennt jeder los. Aber bevor er losrennt, muss er den Schuss hören – in seiner Reaktionszeit. Wenn er rennt, dann läuft die Uhr schon. Die Uhr, die festlegt, wie lange er braucht, um sein Ziel zu erreichen. Fast wie im Navi. Nur diese Uhr läuft ausschließlich vorwärts und er rennt gegen die anderen Teilnehmer, aber auch gegen die Uhr.

Die Uhr im Navi mit der Ankunftszeit kann sich rückwärts bewegen. Aber die Zeit niemals. Doch auch wenn wir die Sonne sehen, dann ist das Licht seit acht Minuten unterwegs. Und wir sehen es erst jetzt, vorher können wir es nicht. Wir können mit der Zeit in die Vergangenheit schauen, doch vor uns liegt nur die Zukunft.

Es ist richtig, man kann seine Zeit auch anders nutzen, als mit diesen Gedanken. Doch der Zeit ist es egal, was wir währenddessen machen. Also kann man auch keine Zeit verschwenden, wenn man sich Gedanken darüber macht. Und so möchte ich ausnahmsweise mit einem ganz tollen Zitat über die Zeit von Karl Valentin enden: Die Zukunft war früher auch besser!

*„Die Sache mit der Zeit" wurde geschrieben am 01.03.2021.*

# Ich will euch nicht gefallen

So, wer kennt mich, einmal die Hand hoch: Eins, zwei, drei, vier, fünf – okay und Stopp! Mehr fallen mir zumindest nicht ein. Wer denkt, dass er mich wirklich versteht, der denkt vor allem eins: Falsch.

Ich will euch nicht gefallen! Aber wenn ich euch gefalle, dann denkt selber nach. Denkt darüber nach, was euch beschäftigt. Denkt darüber nach, was ich dazu sagen würde.

Und dann werft die Gedanken über Bord, denn das denke ich nicht. Die Texte hier sind wichtig, sie zeigen auch etwas von meinen Grundüberzeugungen. Toleranz, Offenheit und Respekt – das braucht jeder, sonst kann er hier gleich gehen. Aber nicht nur hier, in der gesamten Gesellschaft, in jedem Land. So jemanden braucht man nicht. Jeder Mensch ist etwas wert, jeder Mensch ist wichtig und jedes einzelne Problem ist wichtig.

Dein Problem ist mir auch wichtig – und deins, und deins und deins! Und da sind es auch mehr als fünf, da kann jeder kommen. Jeder kann mir ein Problem nennen – aber dafür muss er mir vertrauen können.

Und Vertrauen kommt nicht aus irgendwelchen Texten. Und ich will euch nicht gefallen! Nicht mit den Texten und auch sonst nicht. Wenn ich es tue ist das okay für mich. Wenn ich es nicht tue ist das okay für mich. Es ist mir egal. Teilt die Meinung, teilt die Texte, teilt die Überzeugungen. Aber teilt sie nicht, weil ich sie habe.

Meine Meinung ist gespalten, sie ist nicht immer eindeutig, wenn es drauf ankommt. Ich schreibe viel über den Tod, ich liebe das Leben – ja, ich liebe MEIN Leben. Mit euch oder ohne euch. Fünf. Fünf müssen dazugehören. Und die suche ich aus. Und da ist keiner dabei, der alles von mir mag. Da ist keiner dabei, der alles an mir mag.

Und auch ich tue das nicht. Also tut das nicht! Lasst das! Ich will euch nicht gefallen! Ich will mir gefallen! Das klappt nicht immer, gar keine Frage.

Wie oft ich da liege und weine? Wie oft ich Luftsprünge mache und mich vor Freude nicht halten kann? All das hat keinen zu interessieren, bei dem ich es nicht möchte. Ich entscheide.

Komfortzonen habe ich nicht mehr, bewege mich nur außerhalb dieser. „Also, ich würde das ja nie machen!" – Na und? Dann lass es doch! Ich tue es. Und ich liebe es. Ich mache es weiter, egal wie kompliziert es ist. Aber ich will euch nicht gefallen!

Und es ist hervorragend, wenn man aus mir nicht schlau wird. Der Spießer? Aber welcher Spießer hört sich Musik an, die über Motherfucker und Sex singt? Und zwar von echt extravaganten Genies, nicht von untalentierten und beleidigenden Personen, die sich einbilden, in der heutigen Jugend den richtigen Ton zu treffen. Tun sie das? Kann Beleidigung richtig sein? Nein. Aber für viele cool. Hört euch das an, wenn ihr wollt – vergesst den Text und die dumpfen Rhythmen ohne jede musikalische Qualität. Dann mögt ihr das. Und das ist okay.

Bei mir soll man nachdenken. Jeder Text hat für mich besonders ein Ziel: Denkt darüber nach! Bringt euch in eine Diskussion ein! Nicht mit meiner Meinung. Und auch nicht mit dem, was ihr für meine Meinung haltet. Mit eurer eigenen Meinung. Ich will euch nicht gefallen! Ich will, dass ihr selbst denkt.

Ja, das ist aber schwierig in dieser Zeit. Lieber soll jemand anderes denken. Das klingt doch gut... Was ein Schwachsinn! Eure Meinung hat kein anderer. Eure Erfahrung hat kein anderer gemacht. Eure Hoffnungen hat kein anderer. Eure Wünsche hat kein anderer. Und trotzdem soll ich hier verstanden worden sein?

Meine Meinung hat kein anderer. Meine Erfahrung hat kein anderer gemacht. Meine Hoffnungen hat kein anderer. Meine Wünsche hat kein anderer. Auch meine Texte hat kein anderer. Aber ist das dasselbe? Nein! Die Texte sind das, was ich daraus mache. Aus dem, was ich wirklich denke. Niemals kann man meine Gedanken in fünf Minuten zusammenfassen. Niemals kann man alle meine Gedanken sprachlich schön ordnen. Niemals will ich das überhaupt. Dafür sind es viel zu viele. Denn ich denke selbst.

Denn ich habe feste Überzeugungen. Denn ich teile davon, wozu ich bereit bin. Denn ich halte davon zurück, wozu ich nicht bereit bin. Und dabei will ich euch nicht gefallen!

Verstehen tut ihr mich nicht. Nicht einer von euch. Und bei vielen bin ich auch nicht bereit, meine Zeit und meine Anstrengungen aufzuwenden, zu erklären. Mich zu erklären. Meine Gedanken zu erklären. Bei Fünf ist das okay, bei fünf mache ich das gern.

Doch auch diese wissen, dass dafür eine wichtige Sache fehlt: Ich muss erstmal jeden meiner Gedanken selbst verstehen. Und manchmal gefalle ich mir dabei nicht. Und das ist okay. Den Kampf kann ich kämpfen – und ich kämpfe ihn ganz allein. Und ich liebe das.

Ich will euch nicht gefallen und bisweilen gefalle ich mir nicht. Dafür bin ich zu unterschiedlich, viel interessiert mich, noch mehr davon überfordert mich. Ich will lernen. Ich will selbst verstehen. Ich will selbst denken. Das braucht kein anderer für mich zu machen. Das darf kein anderer machen. Gespräche sind wichtig, sie verändern meine Sichtweise. Aber ich entscheide, was meine Sichtweise ist. Keiner von euch! Also antwortet nicht für mich, wenn ihr nichts wisst. Wenn ihr nur glaubt, zu wissen. Vergesst das – und wenn es euch richtig erscheint vergesst mich oder begleitet mich weiter. Begleitet meine Texte weiter. Zieht daraus eure eigenen Schlüsse. Aber vergesst nicht: Es ist ein Teil meiner Überzeugung. Ich will euch nicht gefallen und muss das auch nicht!

*„Ich will euch nicht gefallen" wurde geschrieben am 05.01.2021.*

# Mein Anker

Gute Freunde kann keiner trennen, die Distanz ist schon lange groß. Doch noch größer ist unsere Freundschaft. Wir brauchen keine Pandemie, um Kilometer zu laufen. Einfach zu reden, über alles, was uns gerade bewegt. Hat jemand einen Rat für mich, dann du. Ich höre dir immer zu. Die Locken gehen vor, vor alles Andere, vor alle Anderen. Ein neues Jahr gemeinsam begrüßen, einen Geburtstag gemeinsam feiern – das ist schön. Aber ich brauche doch etwas ganz anderes:

Du bist immer da, ich brauche das. Einer, der mit mir alles mitmacht, mir zuhört und mir vertraut. Ich tue das auch, wann immer du es brauchst. Freundschaft ist sehr wertvoll, mit dir ist es unbeschreiblich und ich wünsche mir, dass es für immer so bleibt.

Dein Vater hat uns zusammengebracht, welch großes Glück. Ich kann dir vertrauen, frag etwas – ich sage es dir. Du weißt nicht, wovor ich noch Angst habe. Doch du hast mir schon geholfen, Ängste zu überwinden. Du wirfst mich ab und ich stehe wieder auf, du nimmst mir jede Luft zum Atmen. Und doch vereint es keiner so gut: Den, der mit allen klar kommt. Bei dir weiß ich, woran ich bin, du teilst dieselben Werte und wenn das Schiff kentern sollte – ich weiß, du spielst einfach fortan die Melodien des Lebens wie Wallace Henry Hartley.

Du bist immer da, ich brauche das. Einer, der mit mir alles mitmacht, mir zuhört und mir vertraut. Ich tue das auch, wann immer du es brauchst. Freundschaft ist sehr wertvoll, mit dir ist es unbeschreiblich und ich wünsche mir, dass es für immer so bleibt.

Ohne dich wäre vieles hier nicht entstanden. Du schreibst die besten Texte und gibst das ehrlichste Feedback. Wenn ich einen Zehnerpack erhalte bist du sehr kreativ, doch am Ende bin ich der Doofe. Kein Markt in einem anderen Land, keine Erinnerung umsonst. Es kann schmerzen, am Ende wächst man und wird sich für das Richtige, für Gerechtigkeit, einsetzen. Der Tag beginnt früh, wenn man auf etwas hinarbeitet, spät, wenn man es sich aussuchen kann. Aber ich weiß:

Du bist immer da, ich brauche das. Eine, die mit mir alles mitmacht, mir zuhört und mir vertraut. Ich tue das auch, wann immer du es brauchst. Freundschaft ist sehr wertvoll, mit dir ist es unbeschreiblich und ich wünsche mir, dass es für immer so bleibt.

Der Tisch ist meistens eckig, nicht rund. Und immer steht etwas drauf, was haben wir auf diesem Tisch nicht alles schon erkundet: Tschechien, Italien, Griechenland, aber meistens geht es doch mitten ins Herz. Alles war neu für mich und dann kam dieser gleiche geringschätzige Blick, ein Blick, der mir die erste Hilfe gegeben hat. Jemanden, an den man sich wenden kann. Ich brauche Zeit, um den Lageplan zu erkunden, du bist viel weiter – ich schaue auf das Schema, du auf die Bewegung, die Verschiebung und mit welchen Waffen man gewinnt. Die wichtigste aller Waffen ist Verständnis und Freundschaft.

Du bist immer da, ich brauche das. Einer, der mit mir alles mitmacht, mir zuhört und mir vertraut. Ich tue das auch, wann immer du es brauchst. Freundschaft ist sehr wertvoll, mit dir ist es unbeschreiblich und ich wünsche mir, dass es für immer so bleibt.

Meine Gefühle zu zeigen fällt mir bei keinem so leicht wie bei dir, ich lege mich gerne aufs Sofa und erzähle dir, auch das, was mich bedrückt. Wir sitzen alle im selben Boot – zum Treten und auf 1000 Dezibel schreit uns und der ganzen Moldau Freddie an. „Friends will be friends" – fürwahr. Eine kleine Anekdote, eine Plattform für freie Meinung und der beste Zuhörer, den es nur geben kann. Das alles vereinst du in einer Person.

Du bist immer da, ich brauche das. Einer, der mit mir alles mitmacht, mir zuhört und mir vertraut. Ich tue das auch, wann immer du es brauchst. Freundschaft ist sehr wertvoll, mit dir ist es unbeschreiblich und ich wünsche mir, dass es für immer so bleibt.

Jeder Mensch ist spannend, ich habe Leute, mit denen ich mich sehr gut verstehe. Sie treiben sich überall herum, in Costa Rica, Paraguay, Österreich oder überall in Deutschland. Rheinland-Pfalz, Hamburg oder Brandenburg, es ist wirklich alles dabei. Und wenn ich jemandem helfen kann, dann scheut euch nicht. Denn mein Anker steht, mein Schiff ist sicher – wenn ich ein anderes Schiff aus dem Sturm ziehen kann, dann will ich da sein...

*„Mein Anker“ wurde geschrieben am 14.01.2021.*

# Eine Fahrt auf dem Riesenrad

Ich fahre Riesenrad, mein ganzes Leben lang. Oft geht es hoch, aber auch immer wieder herunter. Oft geht es herunter, aber auch immer wieder hoch. Wenn ich unten bin kann ich mich daran klammern, wenn ich oben bin habe ich Angst vor dem nächsten Schritt, dem Schritt, der unweigerlich wieder nach unten führt.

Meine Sicht ist beschränkt und mein Blick wird immer enger, je weiter ich nach unten komme. Irgendwann sehe ich nur noch mich, vor mir ein großer Scherbenhaufen. Die Gedanken sind immer da, himmelhoch oder am Boden zerstört, sie begleiten mich und rufen immer dasselbe: Sei du selbst! Sei froh!

Doch das ist manchmal gar nicht so einfach, denn immer wieder bin ich allein. Ich laufe durch die Straßen und ich bin allein. Ich laufe am Wasser, neben mir ein küssendes Paar auf der Bank und ich bin allein. Ich stehe am Grab meiner Lieben und ich bin allein. So unfassbar allein.

Aber daraus lässt sich Kraft erschöpfen, wertvolle Kraft – Kraft, die mich wieder nach oben bringt. Denn ich kenne mich aus in den Straßen, die Pflastersteine und Giebelhäuser, der Friedenssaal und der Dom, das ist meine Heimatstadt, hier verlaufe ich mich nicht. Denn das Wasser fließt unaufhaltsam, vom Fichtelgebirge in die Elbe und von dort ins große weite Meer. Und irgendwo dort wartet jemand auf mich und hofft, dass ich gesund und glücklich nach Hause komme. Und meine Lieben haben mir alles beigebracht, sie waren immer für mich da und jetzt, wo sie tot sind, habe ich sie nicht in ein paar Kilometern Entfernung, sondern noch viel stärker als Antrieb direkt in meinem Herzen.

Und ich fühle mich nicht mehr allein und bin bereit, die Reise wieder nach oben anzutreten. Mein Blickfeld zu weiten und das Steuerrad wieder fest zu übernehmen. Ich brauche das Rad nicht zu drehen, es steht sowieso nie still, immer rollt es weiter, genauso wie sich mein Riesenrad immer bewegt, was ich auch tue.

Wenn ich oben bin, dann kann ich weit gucken. Ich sehe all das, was ich zu Hause nenne. Ich sehe die Orte, die zur Heimat wurden. Ich sehe die Menschen, die zu Freunden wurden. Ich sehe die Beschäftigungen, die zu Lebensbestandteilen wurden. Ich sehe die Gegenstände, die zu Lieblingen wurden. Und ich sehe ein Lachen – ein Lachen auf meinem Gesicht.

Und auch wenn es wieder runter geht, bald wird es soweit sein, dann kann ich mich daran erinnern. Wenn man in der Heimat das vermisst, was einem eine andere Heimat bietet. Wenn Freunde da sind, aber man sie nicht wirklich treffen kann. Wenn die Beschäftigungen zur Anstrengung werden, zur Last. Wenn die Lieblinge aus dem Leben verschwinden – genauso wie mein Lachen.

Doch eine Sache kann mir dieses Riesenrad niemals nehmen. Eine einzige Sache trage ich immer bei mir und hüte sie wie meinen größten Schatz: Meine Erinnerung. Jeder Moment, in dem ich einfach nur fröhlich bin, in dem ich mich einfach fallen lassen kann. Ich kann jederzeit zu ihm zurück, und ist mein Blick auch noch so eingeschränkt und bin ich auch noch so allein.

Ich kann zurück zu dem großen Glück. Und ich weiß, wer für mich da ist. Und auch was für mich da ist. Ich laufe stundenlang durch die kleinen Gassen dieser Stadt, ich wandere im Wald. Meine Gedanken bestimmen mein Leben, mein Charakter bestimmt meine Einstellung. Und ich bestimme, was ich denken will, ich bestimme, wie ich sein will.

Natürlich vermisst man, was man nicht haben kann. Natürlich vermisst man diejenigen, die einem wertvoll geworden sind. Natürlich vermisst man die Beschäftigungen, denen man so große Hingabe gewidmet hat. Man wünscht sie sich alle so sehr zurück, jetzt hierhin und vor allem ganz nah zu mir. Und sie sollten nie mehr gehen. Doch nur wenn sie gehen können sie wiederkommen. Nur wenn sie gehen merke ich, wie sehr ich sie tatsächlich vermisse. Und wenn ich ehrlich bin wünsche ich sie mir doch auch nur dann zurück, wenn sie schon gegangen sind.

Es ist so selbstverständlich, dass sie da sind. Es ist so komisch, wenn sie fehlen. Aber wenn ich es schätzen soll, wenn mir wirklich klar werden soll, was ich brauche und was nicht, dann muss mein Riesenrad auch nach unten fahren und da sein. Dort sein, wo ich allein bin. Alleine mit meinen Gedanken. Die kann ich ordnen und ich brauche nichts zu tun: Es geht auch wieder hoch und dann weiß ich, worauf ich besser achten sollte und was mir wirklich so unendlich unten gefehlt hat.

*„Eine Fahrt auf dem Riesenrad" wurde geschrieben am 21.02.2021.*

# Der allererste Tag

Es war Mittwoch, die Mitte der Woche. Der einzige Tag in der Woche, an dem es nicht eine Stunde Sonnenschein gab, keine Sonne nur Wolken und Schneeregen. Und das mitten im Frühling. Knapp über dem Gefrierpunkt und damit viel zu kalt.

Was doch alles an diesem allerersten Tag passierte? Ein Anschlag auf das Büro der Deutschen Bahn, Diesel läuft aus einer brasilianischen Bohrinsel, in Bayern wird gegen die Homo-Ehe geklagt, das Ansehen der Regierung wird von Jürgen Trittin beschädigt, der bedeutendste Bürgerkrieg tobt in Mazedonien, Whitney Houston könnte Bond-Girl werden, einer ermordeten Frau wurde ein Hakenkreuz in die Brust geritzt, der Schengenraum wird nach Norden erweitert, die Love Parade könnte abgesagt werden, es wird über Nationalstolz diskutiert, ein neuer Vorläufer des Homo sapiens wurde entdeckt und Deutschland müsste sich möglicherweise bei einer Bewerbung gedulden – erhält dann aber spätestens 2016 den Olympiazuschlag.

Ja, an diesem allerersten Tag ist viel gemeldet worden, aber wenig passiert. An der Spitze der Albumcharts stand Peter Maffay, bei den Singles wurde über „Daylight in your eyes“ gesungen. Der Bundespräsident hieß Johannes Rau, der Kanzler Gerhard Schröder. Zweimal SPD. In bundesweiten Führungspersönlichkeiten. Der US-Präsident war George W. Busch. Republikaner, auch das ist heute nicht mehr. Im Kreml saß – Wladimir Putin. Alles hat sich also seit diesem allerersten Tag nicht verändert.

Aber die Welt war eine andere: Fuhr man auf die größte Stadt Amerikas zu – es ragten noch zwei Türme mehr in die Höhe, es ist kein einziger US-Soldat in Afghanistan und die Wörter Facebook oder i-Phone hat noch nie jemand gehört.

Auch wenn die Welt sich verändert hat, heute wohl noch nicht, nicht an diesem allerersten Tag. Zumindest nicht für jeden, wahrscheinlich für fast keinen. Doch ohne diesen Tag wäre ich anders, hätte es diesen Tag nicht gegeben, wäre ich nicht da. Er ist schon lange her, doch für viele war er nicht der Beginn der Welt – anders als für mich, es war mein ganz persönlicher allererster Tag.

*„Der allererste Tag" wurde geschrieben am 18.03.2021.*

# Aha, also eigentlich ist das ja so

Die deutsche Sprache ist eine unglaublich schöne Sprache. Tausend Wörter für ein und denselben Sachverhalt, blumige Umschreibungen ist mit Adjektiven möglich und eine Trennung in das förmliche Sie und das persönliche Du.

Eine Sprache, die Gefühle wecken kann, mit der wir unsere tiefsten Empfindungen artikulieren können. Eine Sprache, in der wir denken. Probiert es mal alle aus, schließt die Augen: Man sieht schwarz und es gehen einem Gedanken durch den Kopf. Sprecht jeden Gedanken aus und dann werdet ihr es sehen. Nicht Spanisch, nicht Afrikaans und nicht einmal Englisch: Bei den meisten hier wird Deutsch gedacht.

Doch eine Sprache, die so unglaublich präzise sein kann, muss auch einige Probleme haben. Probleme, die ganz verschiedene Ursprünge haben. Manche sind geschichtlich begründet, wir nutzen heute eine andere Sprache. Eine andere Sprache als Goethe und Schiller, weil sich Sprache mit der Zeit von selbst verändert. Eine andere Sprache als die Nationalsozialisten, weil sich Sprache nach der Zeit verändern musste.

Doch das allergrößte Problem sind die Wörter, die nichts ausdrücken. Nein, nicht „nichts". Ich mein das gar nicht inhaltlich. Aber habt ihr mal Gespräche verfolgt.

Und ganz oben auf dieser Liste ist dieses eine Wort: „Aha". „Aha" ist schlimmer als „jaja", weil „aha" nichts ausdrückt. „Jaja" ist Zustimmung auf die besonders uncharmante Art und Weise. Aber Zustimmung. Doch was sagt mir ein „aha" der anderen Person? Eine Reaktion, dass der andere es zur Kenntnis genommen hat. „Was hält er davon?" „Aha." „Wie ist seine Meinung dazu?" „Aha." „Stimmt er mir zu?" „Aha." „Bin ich ein fliegendes grünes Schwein?" „Aha." „Hörst du mir überhaupt zu?" „Hä, was?" „Aha" war einmal wichtig und durfte genutzt werden: In Trios „Da da da". Ansonsten nicht. Und „hä" ist doch auch nichts. Ein „Wie bitte?" klingt da doch schon höflicher, aber auch das kann man nur sagen, weil „hä" einfach so unglaublich unhöflich klingt. Denn ein „Wie bitte?" zeigt doch auch, dass man nicht richtig zugehört hat...

Und Zuhören ist doch eine der wichtigsten Faktoren für Höflichkeit gegenüber anderen Personen. Doch manchmal will man Leuten doch schon gleich vom ersten Wort an überhaupt nicht zuhören. Am häufigsten passiert mir das persönlich, wenn die Konversation vom anderen mit einem enorm unmotivierten „Ey“ begonnen wird. Das ist doch kein Start für ein Gespräch!

Und Zuhören ist sicherlich ein wichtiger Faktor für Höflichkeit – doch entgegengebrachter Respekt kann auch nicht schaden. Und ein „Ey“ erfüllt diese Eigenschaft nicht.

Und eigentlich weiß das auch jeder. Wobei das Wort „eigentlich“ in der deutschen Sprache auch sehr unpräzise ist. Denn das Einzige, was „eigentlich“ wirklich aussagt, wurde schon vor langer Zeit festgehalten: Zu jeder Regel gibt es Ausnahmen. Eigentlich weiß ich, dass es weh tut, seinen großen Zeh gegen die Waschmaschine zu rammen. Eigentlich weiß ich, dass ich mich nicht darüber aufregen sollte, wenn manche Leute immer noch „einzigstes“ und „öfters“ sagen. Eigentlich weiß ich das, aber das stört mich nicht. Mein Zeh tut weh und aufregen tu ich mich auch. Und dabei fühle ich mich noch schlecht, weil ich es ja eigentlich besser weiß.

Ich will mich ja nicht aufregen, aber – auch so eine ganz typische deutsche Satzkonstruktion, die es nicht bräuchte. Wenn ich was nicht will, dann mache ich es nicht. Wenn ich was dagegen habe, dann kann ich das auch direkt sagen. Und ich habe nichts gegen Ausländer. Ohne Aber. Aber ich habe etwas gegen Nazis. Und ich stehe dazu und finde das gut. Ich brauche dafür nicht sagen „Ich habe ja nichts gegen Nazis, aber doch.“ Nein: Ich habe etwas gegen Nazis!

Vielleicht sollte man wirklich mal damit aufhören, das zu sagen, was keinen Inhalt hat. „Was soll ich dazu sagen?“ Am besten nichts. „Kaum in Worte zu fassen.“ Entweder du schaffst es, oder du lässt es. „Du würdest mir es sowieso nicht glauben.“ Lass mich das doch entscheiden. Wobei nein, das würde ich nicht. Denn genau in solchen Aussagen kann man es nutzen: „Aha“. Um zu zeigen, wie unnötig die Aussage zuvor war.

*„Aha, also eigentlich ist das ja so“ wurde geschrieben am 01.04.2021.*

## 19+1=20

Ich kann laufen, ich kann denken. Ich lebe sogar schon alleine. Das überrascht viele. Nicht, wenn ich ihnen sage, wie alt ich bin. Aber 19+1 ist eben 20. Und 1999+1 ist 2000. Es steht eine zwei vorne und doch wird man immer älter. Und auch dann kann man schon erwachsen sein. Doch man weiß genau, was es bedeutet. „Du kannst schon laufen?" „Ja, das kann ich." „Wenn sie ihr Passwort wollen, dann nehmen sie erst den Monat, dann den Tag und dann streichen sie die 19 beim Jahr." Bei mir gibt es nichts zu streichen, zumindest keine 19. Und das ist voll okay.

Denn ich liebe auch ein paar Sachen von der Zeit vor der Jahrtausendwende. Aber ich hatte nie Angst davor, dass es zu einem Megazusammenbruch kommt, nur weil die Zeit weiterläuft. Eine Sekunde kam dazu, ein Jahr wurde draufgerechnet – und alle verfallen in Panik. Vielleicht, weil sie einfach nicht an sowas neumodisches gewohnt sind wie Computer. In meinem Alter weiß jeder, dass ein Computer +1 zählen kann – bei Sekunden, bei Minuten, bei Jahren und auch wenn das für einen Jahrtausendwechsel sorgt. Sitzen Kinder, Jugendliche, sitzen also diejenigen, die nach 1999 geboren wurden, zu viel vor dem PC? Nutzen sie ihre Zeit nicht mehr so, wie es andere lieber hätten? Bestimmt. Und keine Generation auf der Welt ist perfekt. Und wir müssen doch auch einmal sagen: Die Simulationen sind einfach viel besser geworden. Heutzutage wird vor dem Führerschein – und ja, den habe ich auch schon – oft eine Stunde im Simulator gemacht, vielleicht darf man deshalb nicht mehr so wie früher alleine lossausen. Aber heutzutage kann man mit Simulationen auch ernsthaft arbeiten, in den 90ern verbrachten die Kids ihre Zeit nicht mit realitätsnahen Computerspielen, sondern mit Tamagotchis, die auch stetig betreut werden wollten. Aber früher, da gingen die Leute noch raus, haben sich zum Spielen draußen getroffen. In der Natur. Und damit genau in dem Raum, den exakt diese Leute heute bei ihren Treffen aktiv zerstören.

Es ist die Gruppe von Menschen, die ab 2000 das Licht der Welt erblickt hat, die sich dagegen aktiv wehrt. Und juristisch hat diese Gruppe Erfolge, aber am Verhalten ändert sich noch nichts. Die alten Leute wollen nichts ändern. Das ist nicht anders geworden. Eine der wesentlichen Errungenschaften der 90er Jahre war die Streichung des Paragraphen, der Liebe unter Strafe stellte. Das ein Mann einen Mann oder eine Frau eine Frau heiraten kann, beinahe zwei Jahrzehnte dauerte dieser Schritt dann. Bis Homophobie endlich aus den Köpfen der Menschen verschwindet dauert es wohl noch länger. Besonders dagegen stehen die Leute, die in ihrer Jugend hemmungslos gekifft haben und „Love Not War“ skandierten. Hoffentlich passiert meiner Generation das nicht.

Doch ich weiß auch, dass die Musik, die viele andere hören, die wie ich nach der Jahrtausendwende geboren wurden, wirklich nicht immer für Offenheit steht. Dumpfe Rhythmen, die ihren Ursprung in der Technobewegung der 90er haben, verachtende Themen und immer wieder statt neuen Innovationen dasselbe mit einem dicken Bass. Doch der Top-Song 1999 „Mambo No.5“ ist textlich eben auch die Erklärung, wie man sich mit möglichst vielen Frauen einlässt – ein moralisches Vorbild sieht anders aus. Und heutzutage werden wieder mehr Schallplatten verkauft als in den letzten Jahrzehnten. Das ist ganz sicher keine neue Erfindung des neuen Jahrtausends, aber schon in den 80ern wurde mithilfe von „Stars on 45“ an die schöne Zeit der Plattenmusik erinnert – ein neuer Beat unter alten erfolgreichen Songs, klingelt da was? Irgendwie genau wie heute – und ein Megahit.

Der Refrain eines anderen Megahits aus der Zeit früher beginnt mit den hier sehr passenden Worten „Two thousand zero zero party over oops out of time - So tonight I'm gonna party like it's 1999“. Was Prince hier nicht sagt: Die Party war erst ein Jahr später vorbei, an 9/11 veränderte sich die Welt für immer. Und ich sag es mal so: Ich habe da schon gelebt. Ich habe mitbekommen, als die Welt stillstand, als man geschockt war von diesem Ereignis. Und es waren besonders auch diejenigen geschockt, die immer wieder Schlimmeres bezweifeln mussten. Ein Atomschlag, lag er in den 80ern nicht immer in der Luft? Doch der kalte Krieg wurde nicht heiß, der saure Regen kühlte die Gemüter auch nicht wirklich ab. Wirklich was geschehen ist nicht, keine Atomwaffen flogen. Was umgeflogen ist, das ist die Mauer. Alle in meinem Alter sind in einem Deutschland auf die Welt gekommen. Und wenn man die 90er nicht miterlebt hat fällt es auch viel einfacher, nicht mehr in Ossi und Wessi zu unterscheiden.

Und wir würden ja gerne diejenigen in unsere Gruppe aufnehmen, die zum Ende der 1990er Jahre geboren wurden. Die ihre Kindheit in den 2000er verbracht haben. Doch es gibt einen wichtigen Unterschied: Heute werde ich gefragt, ob ich schon laufen kann. Heute wird mir gesagt, ich soll die 19 streichen. Diejenigen können die 19 noch streichen. Und irgendwann, wenn wir alle hochbetagt sind, dann ist es ein Segen, dass 19+1 20 ergibt. Denn dann sind wir nur wenige Jahre später geboren, aber wir sind quasi noch junge Hüpfer und ihr verstaubte Relikte aus dem letzten Jahrtausend.

*„19+1=20“ wurde geschrieben am 04.06.2021.*

# Columbo

Ja, ich weiß es. Ich weiß inzwischen genau, wie es enden wird. Ich weiß genau, was unseren Planeten gekillt hat.

Ich mag nicht besonders intelligent wirken, doch ich bin in der Lage, sehen zu können. Ich bin in der Lage, hören zu können. Nicht wie jeder sieht und hört. Ein weiteres Todesopfer in einem unnötigen Konflikt. Und jetzt das Wetter. Nein, so kann sie nicht aussehen. Unsere Menschlichkeit, unser Zuhören. Es ist ein Mensch gestorben, ein Mensch wie du und ich.

Jeder Mensch stirbt irgendwann, aber so ein Tod sollte nur selten eine Nachricht wert sein. Bei Personen von besonderem Interesse kann ich es verstehen, doch diese Personen sind einfach nur gestorben, weil sie zur falschen Zeit am falschen Ort waren.

Sie hätten woanders sein können. Sie hätten vielleicht ein bisschen weniger mutig sein können. Oder noch viel mutiger. Alles zurücklassen, was einem überhaupt etwas bedeutet. Zu gehen in eine ganz ungewisse Zukunft – was könnte schon mutiger sein? Vielleicht seine Heimat zu verteidigen, sich dem Angreifer entgegen zu stellen. Wird man dabei getötet, dann war es Leichtsinn. Ist man dabei erfolgreich, dann ist man ein nationaler Held. Wie schmal doch nur dieser Grad ist.

Doch man hat die Wahl. Es ist keine freie Wahl und es gibt keine guten Optionen, nur Notlösungen. Aber man hat die Wahl. Doch es gibt auch Lebewesen, die einfach zerstört werden, ohne dass sie die Wahl haben. Allen voran unser großer blauer Planet. Wo könnte er schon hingehen? Er kreist hier um die Sonne, gemeinsam mit vielen anderen Planeten auch. Seit Milliarden von Jahren und noch sehr lange. Er ist der einzige Planet, auf dem menschliches Leben möglich zu sein scheint.

Und damit ist er aber auch der einzige Planet, der vom Menschen zerstört werden kann. Wenn er gehen müsste, wie die Leute, die aus dem Krieg fliehen: Was würde er zurücklassen? Alles, was ihm etwas bedeutet. Und damit auch uns Menschen. Denn ja, ich glaube fest daran, dass die Menschheit unserem Planeten auch etwas bedeutet, ansonsten wäre sie nicht da. Aber der Planet kann ohne unsere Menschheit weiter existieren. Genauso wie Geflohene weiterleben können. Die Menschheit kann nicht ohne den Planeten weiter bestehen. Ihn weiter so zu zerstören wäre leichtsinnig.

Und doch sind es die Helden, die unseren Planeten zerstören. Die Menschen, die hoch angesehen sind in der Gesellschaft, sich in den besten Kreisen bewegen. Manchmal ahnen wir es bereits, manchmal sind wir vollkommen ahnungslos, welch grausiges zweite Gesicht einige Personen haben. Es mag wie im Film sein: Der Dirigent, der seinen Oscar seinem Assistenten verdankt, die Schwester, die endlich die Firma übernehmen will oder die „Freunde Nordirlands", die einen Konflikt mit weiteren Waffen nur noch mehr anheizen. Es sind immer die hochangesehenen Leute. Diejenigen, die geschickt sind. Die immer eine Erklärung parat haben. Bei denen man ganz genau hinschauen muss. Bei denen man ganz genau hinhören muss.
Doch in der heutigen Zeit wird alles noch intelligenter, das sehe ich auch. Die Technik entwickelt sich rasant fort, Schritt halten ist schwierig, da doch lieber irgendwo im Mantel noch einen Notizblock und der andere hat einen Stift. Tiere können helfen beim Fährtenfinden, doch nicht einmal ein besser ausgebildeter Hund als Hund kann die Spur durchs Internet mit seiner feinen Nase verfolgen.

Doch die Motive sind immer gleich: Ruhm, Missgunst, Machtwille, Neid oder Eifersucht. Egal, ob es dabei um den kleinen Finanzskandal geht oder um das Zerstören unserer Welt. Und diese Motive ändern sich nicht. Nicht in einem Jahr, nicht in über vier Jahrzehnten und auch nicht in Jahrhunderten. Ein Mensch altert, ein Peugeot 403 altert – diese Motive überdauern ewig.
Und auch ewig überdauert der Wille, dass man nicht dahinterkommt, die Fassade aufrecht halten kann. Dabei wissen wir doch längst Bescheid. Ich, und wir alle anderen, wissen es schon die ganze Zeit. Ein Mensch kann noch so sympathisch klingen, er kann noch so schönklingende fadenscheinige Argumente anführen – wer schuldig ist, der muss bestraft werden.
Nicht nur bei Entführungen. Nicht nur bei Mord. Auch bei Zerstörung. Zerstörung von Lebensraum ist schlimm, es muss gesehen und am Ende genauso überführt werden. Doch bevor man einen vernünftigen Blick darauf werfen kann, ist der Einfluss zu groß. Man muss gehen, hinter Absperrgitter und blickdichte Zäune. Damit man nichts sehen kann.

Aber bevor ich hier endgültig rausgeschmissen werde, hätte ich noch eine kleine Frage: Wie können wir diese Großen nun überführen? Haben wir alles gesehen, haben wir alles gehört, was wichtig sein könnte? Ich weiß, was passiert ist. Nachweisen kann es dann derjenige, der noch genauer hinschaut und noch besser aus den Spuren lesen kann.

*„Columbo" wurde geschrieben am 06.03.2021.*

# Wohin die Beine gehen

Immer weiter. Es muss schnell gehen, ich muss das noch sehen. Immer weiter. Es tut gar nicht weh, es tut nicht weh, wenn ich geh`. Ich liebe Wälder, Wiesen und Städte, sowohl groß als klein und alles Nette. Komme fast nie zur Ruhe, hab schon Blasen wegen der Schuhe. Aus dem Kopfhörer kommt Musik – wie ist es nur jemanden zu verlieren? Jemanden, der einem alles auf der Welt bedeutet. Und dann stelle ich mir diese Frage: Wohin gehen die Beine?

Immer weiter. Einen Schritt vor den anderen, Meter auf Meter, Kilometer auf Kilometer. Ich laufe schnell, ich renne – wie auf glühenden Kohlen, als ob ich verbrenne. Und ich schlendere langsam dahin und wieder kommt mir dieser Gedanke in den Sinn: Wohin gehen die Beine?

Immer weiter. Vor Kurzem rauschte in meinen Ohren noch das Meer. Jetzt bin ich in den Bergen, es war doch gar nicht schwierig. Die ersten Sonnenstrahlen wecken die Menschen, mich nicht. Denn ich laufe schon die gesamte Nacht, habe einfach laufend durchgemacht. Doch eines weiß ich auch jetzt nicht: Wohin gehen die Beine?

Immer wei-NEIN, Stopp! Hier ist ein See, ich lege mich hin, noch gibt es keinen Schnee, doch Schweiß tropft mir übers Kinn. Ich beobachte die Bienen und fühle mich schwach – ich bin den ganzen Tag gelaufen, doch jetzt liege ich hier und es tut so weh: Ich bin im Moment die faulste Kreatur hier am See! Wohin führt sie ihr Flügelschlag – und wohin gehen die Beine?

Ja, wohin gehen meine Beine? Wichtig ist es nicht, denn sie liegen hier am See. Sie liegen hier und ich renne. Immer weiter! Immer weiter! Ohne Beine und ohne dich. Ich will weg. Mein Kopf will weg. Die Gedanken rennen, die Beine ruhen. Doch komme ich so weg von dir – das ist wohl unmöglich schier. Und so bleibe ich wohl hier. Meine Beine können gehen, sie sind frei, doch meine Gedanken sind es nicht und auch wenn ich nicht weiß, ob ich das will: Du bist unablässig dabei!

*„Wohin gehen die Beine“ wurde geschrieben am 29.09.2020.*

# Mach was aus den Wörtern

Zum Ende dieses Buches kommen nun noch einmal ein paar sehr besondere Texte, die mich beim Schreiben immer noch vor eine viel, viel größere Herausforderung stellen als die bisherigen Texte in diesem Buch.

Der Text muss irgendwie so sein, dass er gut genug für eine Veröffentlichung ist. Dies ist immer der Fall, hier allerdings besonders schwierig. Denn meine Aufgabe ist, wie der Titel schon vermuten lässt, bestimmte Wörter in den Text zu integrieren. Diese dürfen zwar übersetzt werden, aber nicht einfach weggelassen werden. Meistens handelt es sich hierbei um zehn verschiedene Wörter, die Anzahl variiert allerdings, zusammenpassen tun diese Wörter für gewöhnlich absolut nicht – genau darin besteht die Herausforderung. Die für einen Text notwendigerweise zu verwendenden Wörter stehen hier immer direkt vor dem Text auf einer Seite, danach kann man sie dann auch auf jeden Fall im Text wiederfinden.

Diese Wörter darf ich mir natürlich nicht selbst passend aussuchen, sondern bekomme sie stets von Salsabil Jassem, die oft meine Texte als Erste zu hören bekommt und mir stets ein ehrliches Feedback dazu gibt. Und neben dem ehrlichen Feedback auch hin und wieder verschiedene „Wörter-Herausforderungen", wie man in den abschließenden sieben Texten dieses Buches sehen wird.

Zu verwendende Wörter
bei:

## Bild der Zeit

Akquisition
Akupunktur
Bildhauer
Bleichmittel
Blutdruckmessgerät
Chrysanthemen
Fliegenklatsche
Kosenamen
Motorkreissäge
Sprunggelenk

# Bild der Zeit

Einfach mal innehalten. Den Blick heraus wenden, einen Schritt zurücktreten. Auf der Straße stehen, den Blick im Nichts. Eine Stunde und noch eine, und dann noch eine dritte. Rechts schieben sich Menschenmassen vorbei, immer in Eile, immer in Hektik. Links hupen Autofahrer. Ja, die Ampel war doch bestimmt schon eine halbe Sekunde grün, bevor der Fahranfänger den Wagen abgewürgt hat.

Alles ist so gestresst. Doch ich trete eben diesen einen Schritt zurück und will festhalten, was ich sehe. Denn die Kunst ist das Einzige, was dieses vermag. Unvergänglich in der Darstellung, unverfälscht durch die Zeit, jeder kann seine eigenen Schlüsse ziehen.

Doch Kunst ist nicht gleich Kunst. Ich kann nicht zeichnen, ich kann nicht malen. Wie gerne könnte ich malen wie Picasso oder Dürer. Ich kann nicht komponieren, ich kann kein Instrument spielen. Wie gerne könnte ich die Musik beherrschen wie Händel oder Mozart. Ich bin kein Bildhauer, ich kann ja noch nicht einmal töpfern. Das Einzige, was ich kann, ist schreiben. Die Kunst ist so viel, doch ich kann nur das eine.

Wenn ich etwas anderes versuche, dann ist das nicht schmeichelhaft. Aber ich kann mir ja vorstellen, wie ich es machen würde. Ein Bild malen von unserer Zeit, allein in meinem Kopf.

Was müsste man dort nur sehen? Vielleicht zuerst das, was sich nicht verändert hat seit Picasso oder Dürer. Das Geschöpf, was unseren Planeten beeinflusst wie kaum ein anderes: Vom Kopf, herunter über die Brust, links und rechts zwei Arme und unten die Beine. Auf meinem Blatt Papier wäre jetzt ein Strichmännchen. Doch in meinem Kopf ist viel mehr, ich sehe den Lachmuskel, den Bauchnabel. Ich sehe die Kniescheiben und das Sprunggelenk. Das sehe ich sogar sehr genau, ich arbeite es in meinem Kopf richtig schön heraus. Denn der moderne Mensch – er ist ständig auf dem Sprung.

Immer noch ein bisschen mehr, immer noch ein bisschen besser und was er hat ist ihm sowieso nie genug. Und doch muss er nicht mehr so viel machen.

Denn es wurde in früheren Zeiten noch so viel mehr gemacht, die Welt war noch nicht so verbunden. Das Essen kam noch nicht aus Südamerika importiert, der Strom nicht aus Russland und die produzierten Waren noch nicht aus Südostasien. Selbst Alltägliches, wie die Fliegenklatsche, das Geschirr oder Klamotten, wird aus China importiert.

Früher nutzte der Mensch hier seine ganz eigenen Werkzeuge: Die Hände. Doch diese werden immer weniger eingesetzt. Nur in wenigen Bereichen braucht man sie noch wie früher. In der Kunst zum Beispiel. Hier kann man sie verschieden nutzen, doch immer sind sie die einzigen Werkzeuge, denen der Künstler vertraut. Natürlich helfen technische Entwicklungen weiter, doch die Pyramiden und Machu Picchu wurden auch ohne Motorkreissäge und Betonmischer gebaut. Und sie verzaubern sicherlich noch heute mehr als Plattenbauten.

Doch man kann das verbinden: Die Kultur und Kunst aus Asien mit unserer Globalisierung. Viel bezahlt man heute für Ming-Vasen, doch auch im erschwinglichen Bereich profitieren wir davon, dass man sich nun besser kennt als früher. Wer hat nicht auch schon einmal Yoga ausprobiert oder war zur Akupunktur? Es gehört heute auch zu unserem Lifestyle dazu. Und so funktioniert die Globalisierung, es muss unbedingt mit auf mein Bild im Kopf. Aus der Vergangenheit haben sich noch die schmeichelhaften Kosenamen aus Asien gehalten - Farbenvielfalt, ausgefallene Architektonik und besonders schöne Blumen wie Chrysanthemen befeuerten das sicherlich: Das „Land der aufgehenden Sonne" oder das „Reich der Mitte". Und was sind wir hier? Idioten machen sich Sorgen über den Untergang des Abendlandes, doch wir sind nicht das Abendland. Vor 80 Jahren sind wir durch die dunkelste Nacht gegangen, da sind wir jetzt nicht schon wieder beim Abend. Die Nacht steht nicht bevor, uns steht die Helligkeit des Tages bevor, nachdem wir die Morgendämmerung überwunden haben. Nachdem wir alles überwunden haben, was uns an diese tiefschwarze Nacht weiter ketten will und sich nicht von den Ideen dieser Zeit befreien lassen will.

Damit wäre also auch die Lichtstimmung auf meinem Bild geklärt, gemalt sehe das bestimmt sehr gut aus. In meinem Kopf ist das auf jeden Fall so. Und wenn das Licht sich später aufbessern sollte, dann kann man das in der Kunst auch. Restauratoren sind die wirklichen handwerklichen Meister der kreativen Kunst. Seit über 7.000 Jahren wird schon Bleichmittel benutzt, doch noch heute wird so viel gerettet, was sonst zerstört wäre.

Und nicht jeder ist künstlerisch in jedem Bereich begabt. Doch jeder kann genau das machen, was ich gerade tue: Im eigenen Kopf ein Bild von der Zeit machen. Irgendwann verbleichen auch die Bilder in unserem Kopf, sie verblassen bis zur Unkenntlichkeit. Doch da gibt es dann diese Faktoren, bestimmte Lieder, Personen oder Plätze. Sie lassen die Anzeige des Blutdruckmessgeräts in die Höhe schnellen und versetzen uns in Ekstase. Sie erinnern uns an besonders schöne Momente, sie erinnern uns an genau diese Bilder, die mit der Zeit verblichen und verblasst sind. Leider nur in Auszügen, einzelne Aspekte sind uns präsent, das Gesamte bekommen wir aber nicht mehr zusammengesetzt.

Richtig unverfälscht festhalten geht eben nur, wenn man Künstler ist. Wenn ich schreibe, kann ich das für mich. Doch ich sollte mir auch andere Arten der Kunst akquirieren. Denn ein Maler, ein Töpfer, ein Komponist, ein Texter – keiner kann alles festhalten, jeder nur seinen Blickwinkel und was mit seiner Kunst möglich ist. Das komplexeste Bild erschaffen immer noch unsere Gedanken: Das einzige für uns vollständige Bild unserer Zeit.

*„Bild der Zeit" wurde geschrieben am 04.04.2021.*

Zu verwendende Wörter
bei:

## Meinungsbild

Amnesty International
Bundeskanzlerin
Flüchtlingsheim
Gas
Handshakes
Human Rights Watch
Idiot
Infrastruktur
Lügenpresse
Steinmeier
Trump
Union
Unternehmersteuerfortentwicklungsgesetz
Verfahren
Waffen

# Meinungsbild

Was hört man nicht alles über die besorgten Bürger,
die sich eigene Gesetze machen als Reichsbürger.
Sie sind mit dem Verfahren nicht zufrieden,
da müssen sie neue Pläne schmieden.

Doch ich mache mir auch Sorgen,
nach dem was wird morgen.
Unsere Bundeskanzlerin ist nun ja weg,
die war aus Sicht des Mobs ja sowieso nur Dreck...

Doch Trump ist noch da und auch die Lügenpresse,
zu kaufen an jeder Kioskadresse.
Es ist einfach, es zu kaufen und zu haben,
vergleichbar mit dem Verkauf von Waffen in Unrechtsstaaten.

Doch lange verkaufen wir auch nicht mehr an Saudi-Arabien und Co.
Denn die USA marschieren dort ein – sowieso.
Diese Länder haben Gas und Ressourcen,
die sollte man mal outsourcen.

Und darum kommen die Truppen aus Amerika,
rein nach Asien und Afrika.
Und sie helfen nicht den Menschen wie Amnesty, Human Rights Watch oder so,
es geht doch wieder in den Geldbeutel eines Idioten irgendwo.

Und hier in Deutschland werden die Probleme ja nicht kleiner,
bei Brücken, Autos und Bahnen meckert unsereiner –
wieder einmal eine schlechte Infrastruktur,
Deutsches Bauen am BER – PUR!

Die Union schafft rein gar nichts: KITA-Ausbau oder Pflegenetz,
dafür ein Unternehmersteuerfortentwicklungsgesetz!
Ich würde jetzt gerne noch was Gutes sagen, aber nein,
die öffentliche Meinung brennt noch wie ein Flüchtlingsheim

Gut, dann mache ich gleich mal Schluss,
denn Steinmeier labert im Fernsehen bei der Ansprache seinen Stuss,
und das muss ich ja unbedingt sehen,
weil Handshakes und gute Worte ohne Veränderung immer gehen!

*„Meinungsbild“ wurde geschrieben am 26.12.2018.*

*Dies ist einer der wenigen Texte, in welchem explizit Personen genannt werden, die zum Zeitpunkt des Verfassens ein spezielles Amt ausführten. Auch wenn diese Personen ihr Amt zum Teil nicht mehr bekleiden, bleibt die Grundaussage verständlich bestehen.*

Zu verwendende Wörter
bei:

## Ein ganz normaler Tag

Barbarossa

Blubberwasser

Eintagsfliege

Erdbeerkäse

Kaulquappe

Nasenfahrrad

Quietscheentchen

Schmackes

Splitterfasernackt

Veranstaltungsinformationsdienst

# Ein ganz normaler Tag

Ich stehe auf, es ist noch früh. Die Vögel zwitschern und die ersten Sonnenstrahlen glitzern langsam im Fenster, reflektieren im Morgentau auf der Wiese. Heute habe ich Zeit, die Termine der letzten Wochen liegen hinter mir, nächste Woche ist wieder voller Stress. Doch heute bleibe ich einfach liegen, hoff`, dass ich alles vergess`.

Die Musik geht an, es ist wieder so weit. Heute kommt tatsächlich „Das Beste aus den 80ern, 90ern und von heute" – es ist ein Nischensender, aber einfach meine Musik.

Und bei Michael Jacksons „Beat it" höre ich davon nichts, aber als „Enjoy the silence" von Depeche Mode erklingt, kann ich mich beim besten Willen der Stille und dem Lied nicht anschließen. Denn eine Sache stört dabei ganz enorm, ein penetrantes Geräusch, welches in höchstem Maße abweicht von der musikalischen Norm. Sssss – ssss – ssss. Erkennen tue ich es sofort, eine Eintagsfliege dreht ihre Runden, direkt an meinem Ohr, dem denkbar unpassendsten Ort.

Was ist das nur für ein Leben? Für mich bahnt sich ein ganz normaler Tag an, ein Tag wie jeder andere – er kann schön werden und wenn er es nicht wird: Naja, dann kann es eben morgen nur noch besser werden. Doch für diese Fliege? Es ist ihr ganzes Leben, morgen macht sie bereits die Biege.

Und das alles, obwohl direkt neben meinem Ohr ihr Lebensraum ist. Gänsehaut spielt im Radio „Karl der Käfer", ohne Lebensraum kann man nicht leben. Und auch nicht im Falschen. Kein Fuchs kann im Wasser überleben, kein Pottwal an Land. Und auch sonst muss alles passen, allgemeine Wassertiere gibt es zwar in Massen – doch man darf nicht vergessen, dass es so verschiedenes Wasser gibt: Die Tiere in der Nordsee, der Südsee, der Ostsee, der Westsee – okay nee. Aber keine Kaulquappe überlebt im Blubberwasser, kein Grottenolm im weiten Meer.

Nun ist aber genug philosophiert, es wird Zeit, dass auch an diesem Tag etwas passiert. Geier Sturzflug steigern weiter das „Bruttosozialprodukt" und ich schleppe mich ins Bad. Eigentlich dusche ich morgens nur schnell, doch ich habe Zeit und draußen ist es sowieso schon lange hell. Wie schnell das nur immer geht... Also lasse ich Wasser in die Wanne ein, ziehe mich aus und springe splitterfasernackt hinein. Und auch direkt wieder heraus, das ist so heiß, welcher Graus. Also nochmal, mit dem Fuß zuerst und dann langsam hinein, jetzt bin ich drin und kann einfach ganz ruhig sein.

Passend zur entspannten Stimmung wechselt auch mein Radio die Songs, es wird aktueller und ein wenig schneller. „Unterwasserliebe" von OK Kid läuft, doch mein Kopf bleibt stets oben. Kein Herzschmerz, kein Liebeskummer – stattdessen erfreue ich mich einfach des Lebens und mich stört auch nicht das Gewummer. In der Nachbarswohnung gibt es erneut Streit, wie die sich behandeln geht nun echt zu weit. Ich höre die „Techno"-Version der Wise Guys von „Alle meine Entchen" und nehme auch meine Quietscheentchen zur Hand, die Wellen schwappen im Takt der Musik gegen den Badewannenrand.

Ein ausgiebiges Frühstück folgt und dann ist der Tag noch ein bisschen schöner. Und immer noch spielt das Radio – „Here we are now, entertain us!", eigentlich eine gute Idee. Aber seit dem Tod von Kurt Cobain unterhält zumindest er mit Nirvana mich mit „Smells like teen spirit" nur noch im Radio. Aber ich habe Lust auf jemanden, der mich heute Abend live unterhält und so wird die Nummer des Veranstaltungsinformationsdienstes gewählt. Denn was so läuft weiß ich nicht, ich kenne ja sonst zur Unterhaltung nur das Radioprogramm, den ganzen lieben langen Tag lang. David Bowie singt dort über „Heroes", das ist lustig. Denn ich habe die Wahl zwischen Wir sind Helden und Revolverheld, beide sind heute Abend in meiner Stadt und treten auf, ihre Musik ist schön, ich habe sie noch lange nicht satt.

Also freue ich mich heute Abend auf Revolverheld, und bis dahin wird jetzt erstmal das Radio aus- und der Fernseher angestellt. Mal sehen, was dort kommt. Als erstes sehe ich andere Leute, die zum Frühstück Erdbeerkäse essen – wie eklig. Und außerdem ist eine solche Unterhaltungsform ein ziemlich niveauloser Weg, da finde ich sicherlich etwas deutlich Ansprechenderes in der Mediathek. Denn egal ob ich heute frei habe, ich will immer etwas Neues erfahren, und da kommt ein guter Vorschlag, wenn er auch schon älter ist: „Barbarossa – Das MDR-Geschichtsmagazin" – hier mit einem Beitrag über den großen Kongress 1815 in Wien. Das klingt doch spannend, sicherlich kann ich da auch ein paar neue Informationen angeln.

Doch dann muss ich doch noch einmal raus, erstmal zum Frisör, mein Haar ist schon ganz kraus. Und dann auch noch einmal zum Optiker auf schnellen Sohlen, eine neue Brille abholen. Dort sehe ich eine Werbung, die lässt mich ziemlich verdutzt zurück: „Mit dem Nasenfahrrad an den brasilianischen Strand – alles auf unsere Kosten in diesem wunderbaren Land!“ Seit wann verschenkt ein Optiker denn Reisen – der Kapitalismus greift um sich in immer größeren Kreisen.

Aber was soll man machen, wenn sie sich verkaufen diese Sachen... Brasilien, was für ein schönes Land, mit dem Amazonas, vielen Tieren und der Copacabana, dem berühmten Strand. Da will ich auch mal hin.

Aber nun kommt erstmal das Konzert, Revolverheld nimmt mich mit auf ihren „Sommer in Schweden“ und ich erinnere mich an meine Zeit in diesem Fast-Nachbarland. Die unendliche Weite, tolle Landschaft und anderes Geld – wenn man da beim Umtausch nicht aufpasst, ist man auch ganz schnell pleite...

Auf dem Heimweg läuft Queens „Radio Gaga“, und sie haben einfach Recht: Das Radio ist mein wichtigster Freund in der Nacht. Und ja, als ich dann wieder zu Hause bin orientiere ich mich auch am Licht meines Radioweckers. Leider ein Fehler, denn während dieser „Wonderful life“ von Hurts spielt donnere ich mit Schmackes mit dem kleinen Zeh gegen das Bettgestell... Es hätte so ein schöner Tag sein können, aber manchmal vermiest so eine Aktion dann am Ende noch ein wenig die Stimmung. Bestimmt wird morgen ein noch besserer Tag. Und das letzte, was ich höre, bevor ich komplett einschlafe, ist „Sometimes it snows in April“ von Prince, wie passend zu diesem Tagesende...

*„Ein ganz normaler Tag“ wurde geschrieben am 05.12.2020.*

Zu verwendende Wörter
bei:

## Regeln

Auspuff
Behindertenparkplatz
Grundstücksverkehrsgenehmigungzuständig-
keitsübertragungverordnung
Kommunikationsüberwachung
Kraftfahrzeughaftpflichtversicherung
Lebensversicherungsgesellschaft
Nahrungsmittelunverträglichkeit
Pfandflasche
Rindfleischetikettierungsüberwachungs-
aufgabenübertragungsgesetz
Zapfsäule

# Regeln

Heute muss alles geregelt sein, nur eines ist es nicht: Das Leben.

Wir achten auf so viel – doch warum geht es uns dabei nicht gut? Liegt es an der schlechten Luft, die aus dem Auspuff eines Dieselautos qualmt? Aus einem Kraftwerk kommt mehr – aber wir müssen uns ja aufregen.

Und wenn wir uns aufgeregt haben, müssen wir etwas unternehmen. Wir müssen was beschließen – etwas, das niemals umgesetzt wird. Es befriedigt unser Gefühl, aber macht unser Leben dann doch nicht besser…

Es gibt Worte, die braucht kein Mensch. Es verzweifelt jeder, weil er sie nicht kennt. An alle, sagt mir, was ist eine Grundstücksverkehrsgenehmigungzuständigkeitsübertragungverordnung? Wer weiß es? Naja, Google nicht.

Aber wir brauchen sie, ich muss sie hier verwenden. Aber nun mal ehrlich? Wer vertraut noch Google? Ist das nicht alles verspielt? Sind wir keine Marionetten der USA, die mit ihrer Kommunikationsüberwachung der NSA unsere Handys anzapfen? Wohl eher kaum, denn wir leben unser Leben hier und sie dort – und trotzdem regen wir uns auf.

Wir regen uns auf über das Frettchen im Weißen Haus, wir regen uns auf über die Bürokraten in Brüssel, die alles regeln wollen, und wir regen uns auf über das Klima. Und dann wollen wir etwas unternehmen. Genau wie die Bürokraten in Brüssel und unsere Ideen bringen genauso viel – nämlich rein gar nichts.

Die Idee mit der Pfandflasche ist ja schön und gut. Doch die Frage muss erlaubt sein: Ist sie nicht immer mehr zur Lebensversicherungsgesellschaft der Obdachlosen geworden? Von denen, die wir sonst nicht beachten. Und damit genauso wenig wie die 25 Cent, die wir achtlos wegwerfen und die unsere Meere verschmutzt, wenn sie nicht von armen Schluckern eingesammelt wird.

Und doch ignorieren wir diese Personen in unserer Gesellschaft. MENSCHEN! Menschen, die dort sitzen und nichts haben – außer einen Becher von Starbucks. Ein Unternehmen, welches sie ausbeutet. Und wir ignorieren auch das. Wir ignorieren es genauso wie das Schild eines Behindertenparkplatzes, wenn wir dafür 10 Meter weniger zum Einkaufen laufen müssen.

Und dann kaufen wir Sachen, die keiner braucht. Aber es geht uns gut damit. Wir sind zufrieden, weil ja alles geregelt wurde. Bis wir dann wieder davon hören, dass es einen Skandal mit den Lebensmitteln gibt. So wie jedes Jahr. Es bleibt für uns die Frage: Was ist es diesmal? Ei, Schwein, Rind oder Huhn? Und dann sind wir überrascht, dass das Fleisch im Discounter keine hohen Standards hat. Aber doch bleibt eine Freude. Die liebste des Menschen ist nicht die Vorfreude – es ist die Schadenfreude. Die Freude darüber, dass alle nun plötzlich zwei Tage Angst haben. Unbegründete Angst um Körper und Leib, denn die Seele ist schon lange nicht mehr gesund. Nur man selbst hat wieder Glück – der Nahrungsmittelunverträglichkeit sei Dank.

Doch die Regeln schaffen auch einfach Angst oder neue Erscheinungen. Laktoseintolerant oder Veganer, die Auswahl erscheint groß. Ich bin ja selbst nicht besser, ganz sicher nicht famos.

Doch ich bin intolerant: Intolerant gegen rechte Schweine, die hetzen, intolerant gegen die Gesellschaft, die nichts mehr schätzen.

Bei uns ist alles geregelt. Wir leben in einer Welt voller Verbote und Gebote. Unser Fleisch ist uns wichtig – das ist klar. Bitte fair und bio, aber bloß nicht zu teuer – bin ja nicht Krösus und kann mir für mehr als zwei Euro Fleisch leisten. Geregelt ist alles – wir achten auf unsere Tiere. Erst kürzlich kam das Rindfleischetikettierungsüberwachungsaufgabenübertragungsgesetz, es schützt das Etikett – doch wer schützt die Tiere wirklich? Es werden immer noch Küken geschreddert und 2.000 Tiere passen locker auf hundert Quadratmeter. Bewegung ist sowieso schlecht, essen sollen die Tiere.

Und die Menschen scheinbar auch. Denn wer geht schon noch zum Sport, wenn das Sofa zu gemütlich ist? Wir sind faul. Aber das ist nicht schlimm, denn wir haben für alles Regeln. Das Fernsehprogramm ist unterirdisch, doch es entspricht unserem IQ. Und wenn wir doch einmal vor die Tür gehen, was sehen wir da: Das ist ja alles 3D – es ist 3D und wir haben keine drei Leben wie auf der Konsole. Doch was wir immer auch haben, das ist ein Auto.

Klar, es ist kein Lamborghini, aber dafür ein Fiat 500. Und das ist auch schön, er ist unser ganzer Stolz. Wir fahren ihn in die Waschanlage und haben natürlich auch eine Kraftfahrzeughaftpflichtversicherung abgeschlossen – Vollkasko, ist klar! Und wir lieben unser Auto und wir lieben unser Leben.

Gut, dass es alle Regeln gibt, da kann doch nichts passieren. Blöd ist nur, dass es zu viele sind. Aber man muss ja nicht alle befolgen – sonst wäre man ja kein Rebell mehr. Und dann rebelliert man gegen diese unnötigen Sachen aus Brüssel, aus Berlin, aus der harten Feder der Mutter. Und man will unbedingt trinken, Drogen nehmen und rauchen – direkt neben der Zapfsäule. Und wenn dann alles in die Luft fliegt – dann stirbt man wenigstens schön – wie in einem echten Actionfilm. Nur das mit dem Aufstehen, das kriegt man dann meistens nicht mehr hin.

*„Regeln" wurde geschrieben am 25.12.2018.*

Zu verwendende Wörter
bei:

## So geht es nicht weiter

Behämmert
Dampfschifffahrtsgesellschaft
EC-Lesegerät
Einsturzgefährdet
Erdbeerhütte
Handdesinfektionsmittel
Kalkulationsprogramm
Kalorienarm
Köttbullar
Kühlbox
Rennwagen

# So geht es nicht weiter

Seit Wochen schaust du mich schon nicht mehr an, das kann es einfach nicht sein. Ich kann mich nicht einmal mehr aufregen. Du leider schon. Für dein Obst und Gemüse ist keinerlei Platz in der Kühlbox, alles ist voller Bier. Meinem Bier. Jeden Abend trinke ich. Ich trinke, um alles zu vergessen und gleichzeitig zu ertragen. Und mein Abend beginnt jeden Tag früher. Und ich will kein Obst essen, ich will kein Gemüse essen. Bevor ich dich kennengelernt habe, habe ich nie kalorienarm gegessen. Ich habe Döner und Burger in mich hereingestopft, wurde immer dicker. Und es war gut, dass du kamst. Aber langsam halte ich das nicht mehr aus. Immer nur Äpfel, nur Blumenkohl und Brokkoli. Inzwischen kann ich mich neben den Lauch stellen und schauen, wer dünner ist.

Warum ich nicht schon lange weg bin? Dem Geschrei entronnen und herein in eine Zukunft, die ich mir vorstellen kann und die unglaublich schön wäre? Wahrscheinlich weil ich nicht weiß, was das sein soll. Weil ich mir das nicht vorstellen kann: Eine unglaublich schöne Zukunft. Ich fühle mich bei dir nicht gut, aber wo soll ich sonst hin. Und dann sind da alle Freunde. Meine Freunde, deine Freunde. Und sie alle mögen dich. Kein Wunder, sie müssen ja auch nicht mit dir wohnen, immer wieder diese Kämpfe ausfechten. Ich bin einfach ausgelaugt, habe absolut keine Kraft mehr. Keine Kraft für dich, für unsere Diskussionen – aber auch keine Kraft für eine aufwendige Scheidung.

Und sie würde auf jeden Fall aufwendig werden. Denn du willst immer alles kontrollieren. Du entscheidest nicht nur, was wir essen und was in die Kühlbox kommt, du entscheidest auch, wo wir wann hinfahren, wo wir anhalten, du entscheidest wann wir morgens aufstehen und wann ich abends schlafen gehen muss. Und würdest du das aufgeben, wenn ich sage, dass ich genug davon habe? Nein, ganz sicher nicht.

Sehen wir den Tatsachen doch einfach ins Auge, ich darf schon nicht einmal mehr Geld abheben. Denn früher habe ich bar bezahlt, wenn ich in der Mittagspause im Discounter Eis gekauft und mitten im Frühling auf dem Parkplatz gegessen habe. Ich konnte nicht mit dem Geld auf unserem Konto direkt bezahlen, denn die Information darüber lief direkt vom EC-Lesegerät auf dein Handy. Ja, auch das hast du voll kontrolliert. Auch wenn ich mein Geld selbst verdiene. Doch irgendwann hast du mich einmal gesehen, als ich wieder einmal mit meinem Kollegen Eis gegessen habe. Du standest auf der anderen Straßenseite bei der Erdbeerhütte und hast für unser Abendessen eingekauft. Wieder einmal nur Früchte, keine Steaks, keine Schnitzel. Öl kommt sowieso nur über den Salat, in die Pfanne für Köttbullar ist es bei ihr überhaupt nicht möglich. So etwas isst man nicht, wenn man gesund leben möchte!

Vielleicht stimmt das ja beim Essen. Aber ich fühle mich absolut nicht gesund und du bist der Grund dafür. Wie soll ich nur noch weiter mit dir leben können? An jedem Tag ekelst du mich mehr an. In einem Bett schlafen wir schon lange nicht mehr. Nur, wenn ich mich immer gut benehme, hast du gesagt. Als ob ich noch mit dir schlafen würde wollen... Das denkst auch nur du. Es gibt nichts, was ich weniger will heutzutage. Ich habe in den letzten Wochen sogar immer Handdesinfektionsmittel dabei, falls du mich berührst. Ich säubere mich dann, ich will nicht unrein sein. Das klingt behämmert, das weiß ich selbst. Aber ich fühle mich dadurch besser, es gibt mir ein gutes Gefühl. Und ich bleibe wenigstens ein bisschen gesund, ein bisschen geschützt vor dir.

Ich war dir anfangs wirklich zu sehr ergeben, ich kann die Fehler bei mir ausmachen. Aber du genießt es, mich unter Kontrolle zu haben, mich zu kommandieren. Und da brauche ich gar keine Illusionen zu haben und kein Kalkulationsprogramm meiner Zukunft würde zu einem anderen Ergebnis kommen: Unsere Beziehung ist gescheitert. Sie ist nicht einsturzgefährdet, sondern schon vor Wochen komplett eingestürzt. Und ich bin unter den Trümmern vergraben worden, kann mich aus eigener Kraft wohl nicht befreien. Um aus den Trümmern herauszukommen brauche ich Hilfe. Aber die einzige Person, die auf den Trümmern steht, vollkommen unverletzt und ungerührt – das bist du.

Und du hilfst mir bestimmt nicht. Meine Freunde stehen hinter dir, gefühlt steht die gesamte Stadt hinter dir. Eigentlich habe ich nicht viele Möglichkeiten, wenn ich in meinem Leben noch einmal glücklich werden möchte. Wenn ich nicht mein letztes Lächeln im Angesicht meines frei gewählten Todes haben möchte, kurz bevor mein Leben vorbei ist, dann muss ich jetzt weg! Ich muss schnell sein, am besten mit dem Rennwagen auf die linke Spur der Autobahn. Mit 400 Kilometern pro Stunde in eine ganz große Ungewissheit. Ich weiß nicht, was kommen kann. Ich weiß nicht einmal, wohin ich genau fahren muss. Meine einzige Richtungsangabe ist diejenige, die mich stets vorantreibt: Weg! Einfach nur weg von dir. Ich will endlich mein Leben wieder selbst in die Hand nehmen, das Steuer wieder selbst lenken. Das Schiff wieder übernehmen wie von einer Dampfschifffahrtsgesellschaft der Kapitän. Es aus diesem sehr schwierigen Fahrwasser führen. Hinein in eine bessere Zukunft. Wie die aussieht weiß ich auch noch nicht, es wird alles neu. Mein Geld werde ich schon irgendwie mitnehmen, das Bier kannst du behalten. So wie es war – so konnte es einfach nicht weitergehen.

*„So geht es nicht weiter" wurde geschrieben am 07.06.2021.*

Zu verwendende Wörter bei:

## Gedanken des Endes

Aggressionen
Akustisch
Einsamkeit
Garderobe
Hyperbel
Katalysator
Lizenz
Schnellkochtopf
Suizidgedanken
Toaster

# Gedanken des Endes

Ein neuer Morgen. Ein Morgen ohne Freude. Ein weiterer Morgen ohne Freude. Ich bin traurig, ich bin verletzt. Betrogen, angelogen und mit Grenzen, vollkommen verschoben. Da ist dieser Schmerz. Dieser schreckliche Schmerz.

Es pfeift. Was pfeift da? Ich weiß es nicht. Erstmal ignorieren, verstecken und nicht beachten. Genauso, wie mich nie jemand beachtet.

Sie hat mich verlassen. Ich sei nicht gut genug. Verdammt, ich bin nicht gut genug! Und dann mein bester Freund – er hat gelacht. Mich ausgelacht. Ist er überhaupt mein Freund? Habe ich überhaupt Freunde?

Es pfeift. Was pfeift da? Ich weiß es nicht. Erstmal ignorieren, verstecken und nicht beachten. Genauso, wie mich nie jemand beachtet.

Die Kleider in meiner Garderobe sind schwarz. Schwarzer Mantel, schwarze Schuhe, schwarzer Schal, schwarze Mütze – und doch keine Beerdigung. Oder ist es meine Beerdigung? Vielleicht ist es das Beste... Einsamkeit tötet – doch mit den Leuten, die mich umgeben, steigern sich nur meine Aggressionen.

Es pfeift. Was pfeift da? Ich weiß es nicht. Erstmal ignorieren, verstecken und nicht beachten. Genauso, wie mich nie jemand beachtet.

Wenn ich jemals Freunde hatte – sie sind alle auf einmal weg. Ich verliere mich in Filmen, bei Leuten, die ein besseres Leben führen als ich es tue. Superhelden und Action – und ich brauche Drogen, um zu vergessen. „Licence to kill" – der letzte Bond mit Timothy Dalton. Der letzte Bond mit Brown als M. Der letzte Bond mit Bliss als Moneypenny. Bond hat überlebt, die Schauspieler sind weg. Was wird von mir bleiben?

Es pfeift. Was pfeift da? Ich weiß es nicht. Erstmal ignorieren, verstecken und nicht beachten. Genauso, wie mich nie jemand beachtet.

Vor mir liegt ein Buch. Naturwissenschaften – das ist es wohl, was von mir bleibt. Ein bisschen Haut, ein paar Knochen. Vielleicht ist das ja die beste Art und Weise. Das Beste, was ich aus mir machen kann. Oh, ein Katalysator steht dort. Ein Stoff, der nicht verbraucht wird und Reaktionen anregt. So ein Schwachsinn. Alles ist vergänglich und zerfällt zu Staub. Oder ist lange weg, so wie meine Lebensenergie...

Es pfeift. Was pfeift da? Ich weiß es nicht. Erstmal ignorieren, verstecken und nicht beachten. Genauso, wie mich nie jemand beachtet.

Jetzt pfeift es nicht nur, jetzt spielt auch noch Musik. Diese akustischen Geräusche machen mich verrückt! Wenigstens kann ich es orten: Mein Handy. „When I was your man“ von Bruno Mars – scheiße man, ich bin aber nicht der Mann! Ich bin ein Verlierer. Ich bin ein Versager. Wieso sollte ich das Gespräch annehmen – meine Meinung ist doch sowieso egal, interessieren tut sie keinen.

Es pfeift. Was pfeift da? Ich weiß es nicht. Erstmal ignorieren, verstecken und nicht beachten. Genauso, wie mich nie jemand beachtet.

Übertreibe ich damit? Nutze ich Hyperbeln sprachlicher Art und Weise? Nein, bestimmt nicht. Ich bin einfach schlecht. Ich kann einfach gar nichts. Ich versage bei allem. Ich bin allein. Ich bekomme nichts hin. Ich brauche eigentlich nichts mehr – und viel wichtiger: Niemand braucht mich.

Es pfeift. Was pfeift da? Ich weiß es nicht. Erstmal ignorieren, verstecken und nicht beachten. Genauso, wie mich nie jemand beachtet.

Das sind meine Gedanken am Morgen – es sind Suizidgedanken. Vielleicht wird es ja mit ein bisschen Essen besser... Wobei, es kann auch zur Henkersmahlzeit werden. Wer weiß? Aber hatte ich mir nicht schon vor langer Zeit Nudeln am Morgen gemacht. Ach ja. Und seit mehreren Minuten pfeift mein Schnellkochtopf vor sich hin... Und die Nudeln sind durch. Die braucht man nicht mehr essen.

Also den Toaster nehmen. Der bekommt alles warm. Auch den labbrigen Toast. Labbrig wie mein Selbstvertrauen. Biegbar um 180 Grad... Also auf die höchste Stufe, das Toast rein und alles an mir spürt den Schmerz der Hitze – ich bin verbrannt, eigentlich schon genauso tot wie der Toast.

Das sind meine Gedanken am Morgen – ob ich den Abend noch erlebe? Ich weiß es wirklich nicht.

*„Gedanken des Endes" wurde geschrieben am 08.02.2020.*

Zu verwendende Wörter
bei:

## Familienglück

Affrontieren

Dichtring

Kaltluftföhn

Mamsell

Mondkrater

Porzellanpüppchen

Rumpelstilzchen

Schnabulieren

Waschbrettbauch

Wäschekorb

# Familienglück

Es war einmal vor langer, langer Zeit.

Nein, das soll kein Märchen werden. Es soll eine Geschichte werden. Eine Geschichte darüber, was diese Menschheit geschafft hat. Was alles funktioniert, was gut läuft und welche Ziele wir schaffen können. Wir können viel schaffen, wenn wir uns helfen, zusammenarbeiten, mit aller Macht eins sind. Aber das sind wir nicht immer, und das ist schlecht. Denn dann erreichen wir das Ziel nicht.

Und dabei hatten wir schon so viele Ziele. Wovon träumt man als Kind? Und wovon träumt man später? Träume soll Schäume sein? Nein, träumen soll ein Antrieb sein! Was wollen wir schaffen, was kann man machen?

„Oh, lieber Junge, was willst du einmal werden?"
„Ai Papsi, ich werde einmal ein Astronaut. Ich fliege zu den Sternen rauf. Ich fliege zum Jupiter und zum Neptun, ich fliege zur Milchstraße und ich fliege weiter, immer höher hinauf."
„Aber Junge, warum reicht dir nicht der Mond?"
„Nein, da war schon jemand. Ich will der erste sein, das wäre fein. Siehst du von hier das Gesicht, der Mann im Mond? In beiden Nasenlöchern hat er doch den Golfball, den Golfball – zu sehen beim Ultraschall."
Dieser Mondkrater sieht tatsächlich aus wie eine Nase, doch ein Golfball. Aber überreden kann ich dich ja nicht, meine Worte sind nur leerer Hall...

„Wieso darf ich nicht spielen?" „Aber du darfst doch spielen, mein Kind, hier mit allen Plastiktieren." „Aber Mama, ich möchte doch nicht in den Zoo gehen. Ich möchte sie in meinem Stübchen sehen." „Aber das geht nicht, mein Kind, denn sie gehörte der Großmutter. Willst du nicht lieber den Tieren geben neues Futter?"
„Durfte Großmutter spielen mit der Puppe?" „Es ist ein Porzellanpüppchen, meine Schnucke... Damit spielt man nicht – da hat jeder Angst, dass sie zerbricht...

Doch verlassen wir die Kindheit. Wir wenden uns nun zu: Der Vergangenheit! Wir haben geträumt. Und dann haben wir die Essenz in unserem Leben doch versäumt. Denn uns war immer etwas wichtiger: Man, ist die Frau schön – die werde ich mir mal angeln gehen. Doch was kann diese Frau schon in mir sehen, was habe ich schon. Alles, was ich habe, haben andere Männer auch. Und sie haben oft noch viel mehr, etwa einen Waschbrettbauch. Ich bin einfach nur sehr schmal, doch das war ihr egal. Dieser Traum ging in Erfüllung.

Und wir trafen uns wieder und wieder, im Kino, im Theater und im Restaurant. Wir schnabulierten Hamlet am Spieß und sahen Bifteki in 3D. Ach ne, das war umgekehrt. Aber egal, frisch verliebt läuft im Kopf sowieso alles verkehrt.

Und nun zurück zur Gegenwart, wir lieben uns noch und haben Sohn und Tochter um uns geschart. Sohn und Tochter mit neuen Träumen, ein Auto und ein Haus mit vielen Räumen. Astronaut oder Puppen, es gibt zumindest immer etwas zu hören und zu gucken.

Und wir sehen, was die Menschheit geschafft hat: Das Ende der Trennung von Frau und Mann. Er ist vorbei, der beinahe ewige Bann. Die Frau am Herd, im Haus und bei den Kindern – der Mann draußen im Hof bei den Rindern. Zwar fährt der Mann hin und wieder mit dem Auto, und zwar auch sehr schnell, aber die Frau ist ganz sicher keine Mamsell. Denn heute wäscht er das Geschirr und trägt den Wäschekorb, und sie ist mit dem Auto und ihren Freundinnen ein paar Tage in Norwegen auf einem Fjord.

Dort gibt es keine Elektrik, wahrscheinlich sind sowieso nur Fische dort. Und nun auch vom Mann der alte Ford...

Sie gehen dort baden, springen rein in die weiße Gischt. Und dann trocknen sie an der frischen Luft, und um sie herum dieser wunderbare Meeresduft. Es hilft der ganzen Welt dieses freie Reisen, denn ist man viel gereist gehört man am Ende zu den Weisen.

Und der Mann währenddessen mit den Kindern Zuhaus` – auch das ist schön und wahrlich kein Graus. Sie spielen gemeinsam mit dem Ball und der Junge denkt: So einen bräuchte man doch auch einmal im Weltall. Doch eine Sache macht ihn immer traurig: Nämlich dann, wenn er Baden geht und wenig später vor dem großen Spiegel steht. Denn die Frau kann ihre Haare trocknen im norwegischen Wind, und um seine Ohren kommt auch ein kalter Wind. Doch nicht vom Meer kommt er her, das würde er sich wünschen sehr, sondern vom Kaltluftföhn, und das ist doch wirklich weniger schön.

Doch er weiß genau, sie kommt wieder zurück zu ihm, und irgendwann werden die Kinder von Zuhause fliehen. Sie werden fliehen in eine eigene Zukunft, und er wird sie gehen lassen, denn so machen es Eltern mit ihren Nachfahren. Die Kindheit wird vorbei sein für jeden mal, und dann beginnt des Lebens ewige Qual.

Aber man muss diese Zeit nicht gänzlich zu Ende bringen, sie nicht konservieren wie mit einem Dichtring. Denn immer wieder gehen die Gedanken zurück, und bald wird man selbst wie die Eltern, Stück für Stück. Er weiß es noch genau und als er sie dann fand war das ein sehr großes Glück.

Vielleicht das größte Glück, dass er je hatte, und sie zog in schon wenig später ins Bett hinein an seiner Krawatte. Auch das sollen seine Kinder einmal erleben, und er wird weiterhin jeden Tag nach dem Glück streben. Die Menschheit erschuf die Elektrik und die Gleichstellung, die Liebe und die Hoffnung. Aber sie erschuf doch auch das Gegenteil, sie erschuf den Hass und die Trauer, und wenn man ehrlich ist, dann sind die meisten Träume nur von kurzer Dauer.

Sie zerplatzen an ihrer eigenen Größe, da geben sie sich keine Blöße. Sie zerplatzen an den Menschen, die einen in die Schranken weisen, die nicht bereit sind, mit in ein Land der Fantasie zu reisen. Diese Menschen sind langweilig, ihr Leben besteht aus Terminen und sie haben es immer eilig. Den anderen Teil wollen sie möglichst minimieren, und weist man sie darauf hin erachten sie das erbost als affrontieren. Doch so schön Träume und Phantasie auch sind: Das größte Glück im realen Leben, da kann es nur die Familie geben!

Und so genießt man die Zeit, in der alle noch vereint sind – denn schon bald werden sie alle fortgetragen im Wind. Und dann sieht man sich nur noch selten, an Weihnachten und Ostern zwar, doch nicht mehr beim Zelten und nicht beim Geburtstag mit einer großen Kinderschar.

Dieses Familienglück ist oft gut versteckt, doch noch viel häufiger wird es entdeckt. Es wird gemeinsam gesprochen über Barbie und Ken, und auch über Menschen, die in der ISS pennen. Und dann spielt man Verstecken und Fangen, und wir erinnern uns, wie diese Geschichte begann. Mit einem Zitat von den Gebrüdern Grimm nämlich, was sie geschrieben haben hatte auch immer eine Moral und war schließlich ganz und gar nicht dämlich. Und auch hier versteckt sich das Offensichtliche, der Name des komischen Etwas in der Geschichte kommt doch immer wieder ins Bewusstsein zurück. Genauso wie das Familienglück. „Ach wie gut, dass niemand weiß, dass ich Rumpelstilzchen heiß".

Und heute weiß und kennt das jeder, genau wie die Geschichte von Pumuckl und Meister Eder. Und wenn wir uns darauf besinnen, was die Menschheit erschuf, dann ist wohl die glückliche Familie der lauteste Ruf.
Und wenn sie nicht gestorben sind, dann – ach, ihr wisst schon. Das ist schließlich kein Märchen, sondern unsere Welt.

*„Familienglück" wurde geschrieben am 17.07.2020.*